愛国学園大学附属龍ケ崎高等学校

〈収録内容〉

便利な DL コンテンツは右の QR コードから

⇒ 

※データのダウンロードは 2025 年 3 月末日まで。
※データへのアクセスには、右記のパスワードの入力が必要となります。 ⇒ 741103

〈合格最低点〉

※学校からの合格最低点の発表はありません。

本書の特長

実戦力がつく入試過去問題集

▶ 問題 …………… 実際の入試問題を見やすく再編集。
▶ 解答用紙 …… 実戦対応仕様で収録。
▶ 解答解説 …… 詳しくわかりやすい解説には、難易度の目安がわかる「基本・重要・やや難」の分類マークつき（下記参照）。各科末尾には合格へと導く「ワンポイントアドバイス」を配置。採点に便利な配点つき。

入試に役立つ分類マーク 

基本 確実な得点源！
受験生の90％以上が正解できるような基礎的、かつ平易な問題。
何度もくり返して学習し、ケアレスミスも防げるようにしておこう。

重要 受験生なら何としても正解したい！
入試では典型的な問題で、長年にわたり、多くの学校でよく出題される問題。
各単元の内容理解を深めるのにも役立てよう。

やや難 これが解ければ合格に近づく！
受験生にとっては、かなり手ごたえのある問題。
合格者の正解率が低い場合もあるので、あきらめずにじっくりと取り組んでみよう。

合格への対策、実力錬成のための内容が充実

▶ 各科目の出題傾向の分析、合否を分けた問題の確認で、入試対策を強化！
▶ その他、学校紹介、過去問の効果的な使い方など、学習意欲を高める要素が満載！

解答用紙ダウンロード 解答用紙はプリントアウトしてご利用いただけます。弊社ＨＰの商品詳細ページよりダウンロードしてください。トビラのＱＲコードからアクセス可。

見やすく読みまちがえにくいユニバーサルデザインフォントを採用しています。

愛国学園大学附属龍ケ崎高等学校

■普通科
生徒数　67名
〒301-0041
茨城県龍ケ崎市若柴町2747
☎0297-66-0757
常磐線龍ケ崎市駅　スクールバス5分
または徒歩25分
［龍ケ崎市駅までの所要時間］
・柏駅より約20分
・土浦駅より約20分

愛龍高のモットー
「いつでも 誰でも 主人公」

愛龍生のモットー
「なりたい自分探し
なりたい自分になる決意」

URL	https://www.aikoku-ryugasaki.ed.jp/

プロフィール　いつでも 誰でも 主人公

なでしこの花を校章のモチーフにした本校は、女子教育において60年の歴史と伝統を持ち、生徒一人ひとりが「いつでも　誰でも　主人公」である学校。生徒の個性や特性を最大限生かしながら、自信を持って、何事にも意欲的に挑戦できるよう全面的に支援している。

なりたい自分を見つけ、「なりたい自分になれる力」を身につけられる学校で、自分の伸びしろを最大限に広げ、その能力や適性を生かした進路選択ができるように積極的なキャリア教育を推進している。

環境　200本を超える桜が咲き誇る緑の学園

筑波研究学園都市の入口、水戸街道に沿って、緑を見下ろす高台に立つ、美しい桜の木に囲まれた校舎は、自然に恵まれ、緑の学園の趣を持つ。パソコン・礼法・音楽・調理などの特別室をはじめ、講堂兼体育館、弓道場、芝生のグラウンド、ソフトボール・テニス等の各専用コートなど、施設も充実している。

200本を超える桜の木々に囲まれた本校は、「親切・正直」の校訓のもと、60年の歴史と伝統に基づいて豊かな知識と技術を身につけ、美しい情操と他者を思いやる奉仕心を持った賢くしとやかな女性の育成に努めている。

茶道部による野点（本校主催のさくらまつり）

カリキュラム　コース制で新しい未来へ

2019年度から教育課程を一新するとともに、「なりたい自分探し」から「なりたい自分になる決意」を持って、進路選択ができるコース制を導入している。

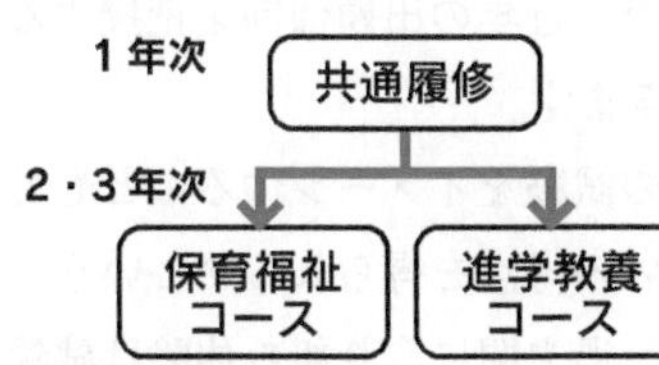

◉保育福祉コース

❖保育士・幼稚園教諭・介護福祉士などの進路希望に対応できるよう学習内容を充実させた教育を実施。

❖基礎学力の養成から幼児教育や介護福祉に携わるための基礎知識をはじめ、実習等を通して、その技術等の習得を目指す教育を実施。

なでしこルーム（保育福祉実習室）

◉進学教養コース

❖大学進学をはじめ、看護師、栄養士などを目指す進路希望に対応できるよう学習内容を充実させた教育を実施。

❖基礎学力の養成から大学入試における応用力の養成、探究活動にも取り組むなど、学習内容を充実させた教育を実施。

学校生活　思い出いっぱい修学旅行と研修旅行

年間を通して、研修を兼ねた旅行が

松尾芭蕉の像を囲んでハイ！ポーズ

多いのが特色の一つである。本校では古典講読の教材として「奥の細道」の全文を学習することになっており、これにちなんで実際に自分の目で芭蕉の足跡を確かめようという企画を、修学旅行で行っている。２年次に東北方面へ、３年次には関西・北陸方面へ行き、奥の細道の芭蕉の足跡を見学し、より理解を深めている。また、３年次の夏に希望者参加で行うアメリカ海外研修は、ロサンゼルス及びサンディエゴ近郊の住宅地でのホームステイをメインとし、英語研修やディズニーランド見学など、有意義な研修旅行である。

クラブは、運動部、文化部とも熱心に活動しており、茶道、華道部など、女性らしい校風に即した活動も盛んである。

進路　優先入学で愛国学園大学・短大へ

令和５年度は、8.8%が大学・短大へ、73.6%が専門学校へ進学している。併設校である「愛国学園大学」「愛国学園短期大学」「愛国学園保育専門学校」への進学を希望する者には、優先入学制度がある。就職した生徒は8.8%である。

2025年度入試要項

試験日　1/9（推薦）　1/16（一般）
試験科目　面接（推薦）
国・数または国・英＋面接（一般単願）
国・数・英（一般併願）
※特待推薦Cは実技試験を実施する場合あり

2024年度	募集定員	受験者数	合格者数
推薦	120	8	8
一般		110	98

過去問の効果的な使い方

① **はじめに**　入学試験対策に的を絞った学習をする場合に効果的に活用したいのが「過去問」です。なぜならば，志望校別の出題傾向や出題構成，出題数などを知ることによって学習計画が立てやすくなるからです。入学試験に合格するという目的を達成するためには，各教科ともに「何を」「いつまでに」やるかを決めて計画的に学習することが必要です。目標を定めて効率よく学習を進めるために過去問を大いに活用してください。また，塾に通われていたり，家庭教師のもとで学習されていたりする場合は，それぞれのカリキュラムによって，どの段階で，どのように過去問を活用するのかが異なるので，その先生方の指示にしたがって「過去問」を活用してください。

② **目的**　過去問学習の目的は，言うまでもなく，志望校に合格することです。どのような分野の問題が出題されているか，どのレベルか，出題の数は多めか，といった概要をまず把握し，それを基に学習計画を立ててください。また，近年の出題傾向を把握することによって，入学試験に対する自分なりの感触をつかむこともできます。

過去問に取り組むことで，実際の試験をイメージすることもできます。制限時間内にどの程度までできるか，今の段階でどのくらいの得点を得られるかということも確かめられます。それによって必要な学習量も見えてきますし，過去問に取り組む体験は試験当日の緊張を和らげることにも役立つでしょう。

③ **開始時期**　過去問への取り組みは，全分野の学習に目安のつく時期，つまり，9月以降に始めるのが一般的です。しかし，全体的な傾向をつかみたい場合や，学習進度が早くて，夏前におおよその学習を終えている場合には，7月，8月頃から始めてもかまいません。もちろん，受験間際に模擬テストのつもりでやってみるのもよいでしょう。ただ，どの時期に行うにせよ，取り組むときには，集中的に徹底して取り組むようにしましょう。

④ **活用法**　各年度の入試問題を全問マスターしようと思う必要はありません。できる限り多くの問題にあたって自信をつけることは必要ですが，重要なのは，志望校に合格するためには，どの問題が解けなければいけないのかを知ることです。問題を制限時間内にやってみる。解答で答え合わせをしてみる。間違えたりできなかったりしたところについては，解説をじっくり読んでみる。そうすることによって，本校の入試問題に取り組むことが今の自分にとって適当かどうかが，はっきりします。出題傾向を研究し，合否のポイントとなる重要な部分を見極めて，入学試験に必要な力を効率よく身につけてください。

数学

各都道府県の公立高校の入学試験問題は，中学数学のすべての分野から幅広く出題されます。内容的にも，基本的・典型的なものから思考力・応用力を必要とするものまでバランスよく構成されています。私立・国立高校では，中学数学のすべての分野から出題されることには変わりはありませんが，出題形式，難易度などに差があり，また，年度によっての出題分野の偏りもあります。公立高校を含め，ほとんどの学校で，前半は広い範囲からの基本的な小問群，後半はあるテーマに沿っての数問の小問を集めた大問という形での出題となっています。

まずは，単年度の問題を制限時間内にやってみてください。その後で，解答の答え合わせ，解説での研究に時間をかけて取り組んでください。前半の小問群，後半の大問の一部を合わせて50%以上の正解が得られそうなら多年度のものにも順次挑戦してみるとよいでしょう。

英語

英語の志望校対策としては，まず志望校の出題形式をしっかり把握しておくことが重要です。英語の問題は，大きく分けて，リスニング，発音・アクセント，文法，読解，英作文の5種類に分けられます。リスニング問題の有無(出題されるならば，どのような形式で出題されるか)，発音・アクセント問題の形式，文法問題の形式(語句補充，語句整序，正誤問題など)，英作文の有無(出題されるならば，和文英訳か，条件作文か，自由作文か）など，細かく具体的につかみましょう。読解問題では，物語文，エッセイ，論理的な文章，会話文などのジャンルのほかに，文章の長さも知っておきましょう。また，読解問題でも，文法を問う問題が多いか，内容を問う問題が多く出題されるか，といった傾向をおさえておくことも重要です。志望校で出題される問題の形式に慣れておけば，本番ですんなり問題に対応することができますし，読解問題で出題される文章の内容や量をつかんでおけば，読解問題対策の勉強として，どのような読解問題を多くこなせばよいかの指針になります。

最後に，英語の入試問題では，なんと言っても読解問題でどれだけ得点できるかが最大のポイントとなります。初めて見る長い文章をすらすらと読み解くのはたいへんなことですが，そのような力を身につけるには，リスニングも含めて，総合的に英語に慣れていくことが必要です。「急がば回れ」ということわざの通り，志望校対策を進める一方で，英語という言語の基本的な学習を地道に続けることも忘れないでください。

国語

国語は，出題文の種類，解答形式をまず確認しましょう。論理的な文章と文学的な文章のどちらが中心となっているか，あるいは，どちらも同じ比重で出題されているか，韻文(和歌・短歌・俳句・詩・漢詩)は出題されているか，独立問題として古文の出題はあるか，といった，文章の種類を確認し，学習の方向性を決めましょう。また，解答形式は，記号選択のみか，記述解答はどの程度あるか，記述は書き抜き程度か，要約や説明はあるか，といった点を確認し，記述力重視の傾向にある場合は，文章力に磨きをかけることを意識するとよいでしょう。さらに，知識問題はどの程度出題されているか，語句(ことわざ・慣用句など)，文法，文学史など，特に出題頻度の高い分野はないか，といったことを確認しましょう。出題頻度の高い分野については，集中的に学習することが必要です。読解問題の出題傾向については，脱語補充問題が多い，書き抜きで解答する言い換えの問題が多い，自分の言葉で説明する問題が多い，選択肢がよく練られている，といった傾向を把握したうえで，これらを意識して取り組むと解答力を高めることができます。「漢字」「語句・文法」「文学史」「現代文の読解問題」「古文」「韻文」と，出題ジャンルを分類して取り組むとよいでしょう。毎年出題されているジャンルがあるとわかった場合は，必ず正解できる力をつけられるよう意識して取り組み，得点力を高めましょう。

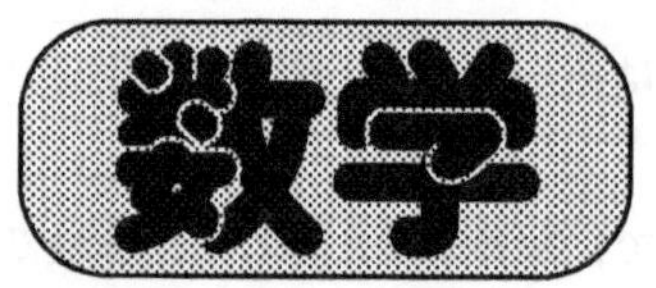

出題傾向の分析と 合格への対策

●出題傾向と内容

本年度の出題数は，大問が5題，小問数にして20題で例年通りであった。

出題内容は，1は数・式の計算，平方根の計算，2は式の値，平方根と平方数，計算のくふう，一次方程式，因数分解からなる小問群，3と5は平面図形の計量問題，4は図形と関数・グラフの融合問題であった。

これといった難問はなく，基本レベルの問題が中学数学の数量，図形，関数の各分野からバランスよく出題されている。

✔学習のポイント

教科書の基礎事項の学習に力を入れ，教科書の章末問題，まとめの問題を利用して演習しておこう。

●2025年度の予想と対策

来年度も，出題数，難易度にそれほど大きな変化はなく，全体的に基本問題を中心とした出題になると思われる。中学数学の各分野の基礎を十分マスターし，公式や定理をまとめておこう。

ここ数年，平面図形の出題数が多く，特に角度を求める問題や三角形の合同・相似を利用する問題が多い。三角形の内角と外角の関係や平行線の同位角・錯角，平行線と線分の比の定理などをしっかり理解して使えるようにしておこう。

また，図形と関数・グラフの融合問題においては，座標の求め方，直線の式の求め方，グラフ上の図形の面積の求め方などを把握しておこう。

一通り基礎事項が確認できたら，過去問を利用して時間配分できるようにしておくとよい。

▼年度別出題内容分類表……

		出題内容	2020年	2021年	2022年	2023年	2024年
数と式		数の性質				○	
		数・式の計算	○	○	○	○	○
		因数分解	○	○	○	○	○
		平方根	○	○	○	○	○
方程式・不等式		一次方程式	○	○	○		○
		二次方程式	○				
		不等式					
		方程式・不等式の応用	○		○		
関数		一次関数	○	○	○	○	○
		二乗に比例する関数	○	○	○	○	
		比例関数					
		関数とグラフ	○	○	○	○	○
		グラフの作成					
図形	平面図形	角度	○	○	○	○	○
		合同・相似	○	○	○	○	○
		三平方の定理					
		円の性質			○		
	空間図形	合同・相似					
		三平方の定理					
		切断					
	計量	長さ	○	○	○	○	○
		面積	○	○	○	○	○
		体積					
		証明					
		作図					
		動点					
統計		場合の数					
		確率					
		統計・標本調査		○			
融合問題		図形と関数・グラフ	○	○	○	○	○
		図形と確率					
		関数・グラフと確率					
		その他					
その他							

愛国学園大学附属龍ケ崎高等学校

出題傾向の分析と合格への対策

●出題傾向と内容

本年度は単語に関する問題2題，語句補充問題，語句整序問題，語句選択問題，会話文問題2題，長文読解問題，英作文問題の計9題の出題だった。動詞の活用に関する問題，前置詞に関する問題，語句整序問題は毎年出題されている。比較的平易な問題が多いため，過去問で傾向をつかみたい。長文読解問題は，比較的短めの文章量だが，内容一致問題が必ず出題されているため，文章内容をきちんと把握しながら読み進めなければならない。昨年同様20語以上で書く英作文問題が出題された。例年，全体を通して問題数が多いため，基本的な問題が多いが，すばやく処理をする力が必要となる。

✔学習のポイント

比較的基本的な出題内容だが，問題数が多い。そのため，教科書に出てくる単語，英文をきちんと身につけよう。

●2025年度の予想と対策

動詞の活用に関する問題，前置詞に関する問題，語句整序問題は例年同様に出題されると考えられる。今年度は出題されていない発音問題も対策しておきたい。発音問題や動詞の活用に関しては，比較的基本的な単語が出題されているため，教科書に出てくる単語についてはきちんと読み書きできるようにしておく必要がある。また，前置詞に関する問題は熟語になっているものも多く出題されているため，熟語をきちんとおさえておきたい。語句整序問題は出題される文法事項が限られている。そのため，過去出題された問題を繰り返し解いて，これまで出題された文法事項を身につけておこう。

▼年度別出題内容分類表 ……

	出題内容	2020年	2021年	2022年	2023年	2024年
話し方・聞き方	単語の発音	○	○			
	アクセント					
	くぎり・強勢・抑揚					
	聞き取り・書き取り					
語い	単語・熟語・慣用句	○	○	○	○	○
	同意語・反意語					
	同音異義語					
読解	英文和訳(記述・選択)					
	内容吟味	○		○		○
	要旨把握	○	○	○	○	○
	語句解釈			○	○	
	語句補充・選択	○	○	○	○	○
	段落・文整序					
	指示語	○		○		○
	会話文	○	○	○	○	○
文法・作文	和文英訳					
	語句補充・選択	○	○	○	○	○
	語句整序	○	○	○	○	○
	正誤問題					
	言い換え・書き換え					
	英問英答					
	自由・条件英作文	○	○	○	○	○
文法事項	間接疑問文		○			
	進行形					○
	助動詞	○	○	○		○
	付加疑問文					
	感嘆文		○			
	不定詞	○	○	○	○	○
	分詞・動名詞	○	○		○	
	比較	○		○	○	○
	受動態			○	○	○
	現在完了	○	○	○	○	○
	前置詞	○	○	○	○	○
	接続詞				○	○
	関係代名詞	○		○	○	○

愛国学園大学附属龍ケ崎高等学校

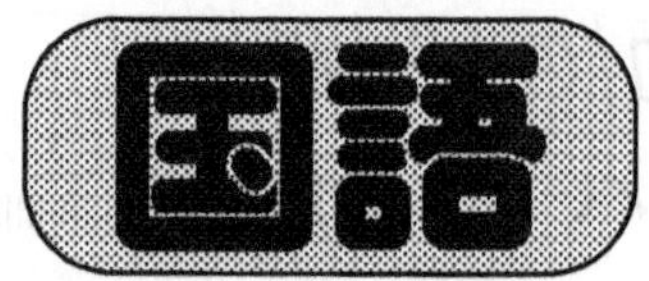

出題傾向の分析と合格への対策

●出題傾向と内容

本年度も現代文の読解問題が2題と古文の読解問題が1題，四字熟語を問う独立問題が1題という計4題の大問構成であった。問題量にも大きな変化はない。

現代文の読解では，論理的文章には論説文が，文学的文章には小説が採用された。論説文では，接続語や脱語補充を通した文脈把握と，内容の理解に関する設問が中心となっている。小説では，心情，文脈把握とともに，人物像が問われている。

古文の読解問題は，仮名遣いや理由，主語，内容の読み取りが出題されている。

漢字の読み書きの問題は，大問に含まれて出題されており，標準的であるが量は多い。解答形式は記号選択式と記述式が併用されている。

学習のポイント

漢字の読み書き，ことわざ・慣用句，四字熟語や同義語・対義語といった知識問題にしっかり取り組んでおこう。

●2025年度の予想と対策

論理的文章の読解問題，文学的文章の読解問題，古文の読解問題，幅広い内容の知識問題という出題が予想される。

論説文の読解問題では，文脈把握や内容吟味を通して確実に筆者の考えをとらえる練習をしておこう。小説の読解問題では心情や情景の理解が中心となる。

古文では，教科書や問題集を使った基本的な内容の文章の読み取りの練習をしておくことが効果的だ。漢文や和歌に関しても基本的な事項は必ず確認しておこう。

国語の知識問題は広範囲にわたって出題されるので，問題集などを使って，集中的に学習しておこう。

▼年度別出題内容分類表 ……

出題内容			2020年	2021年	2022年	2023年	2024年
内容の分類	読解	主題・表題				○	
		大意・要旨	○		○	○	○
		情景・心情	○	○		○	○
		内容吟味	○			○	○
		文脈把握	○	○	○	○	○
		段落・文章構成					
		指示語の問題	○	○	○	○	
		接続語の問題		○	○	○	○
		脱文・脱語補充	○	○	○	○	○
	漢字・語句	漢字の読み書き	○	○	○	○	○
		筆順・画数・部首					
		語句の意味	○	○			
		同義語・対義語					
		熟語	○		○	○	○
		ことわざ・慣用句	○	○	○		
	表現	短文作成					
		作文(自由・課題)					
		その他					
	文法	文と文節	○	○		○	○
		品詞・用法					○
		仮名遣い		○		○	○
		敬語・その他					
	古文の口語訳		○	○		○	
	表現技法			○	○	○	
	文学史						
問題文の種類	散文	論説文・説明文	○		○	○	○
		記録文・報告文					
		小説・物語・伝記	○	○		○	○
		随筆・紀行・日記		○	○		
	韻文	詩					
		和歌(短歌)					
		俳句・川柳					
	古文		○	○	○	○	○
	漢文・漢詩						

愛国学園大学附属龍ケ崎高等学校

2024年度 合否の鍵はこの問題だ!!

数学　5

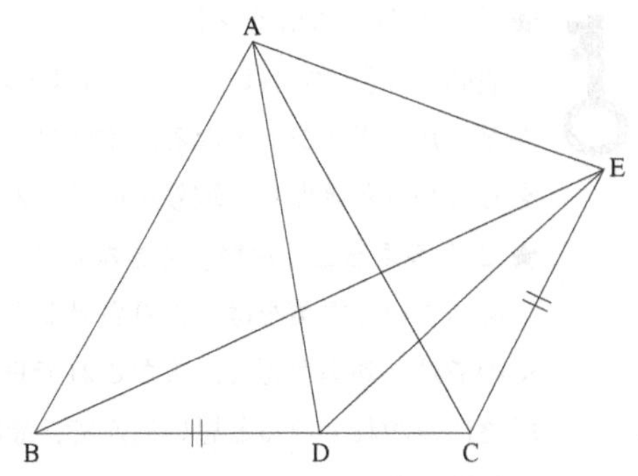

① △ABCは正三角形だから，BC＝AB＝6，DC＝BC－BD＝6－4＝2(cm)

② △ABDと△ACEにおいて，仮定から，AB＝AC…（i），BD＝CE…（ii）　BA//CEより，錯角は等しいから，∠ACE＝∠BAC＝60°　よって，∠ABD＝∠ACE…（iii）　（i）～（iii）より，2辺とその間の角がそれぞれ等しいので，△ABD≡△ACE　よって，∠DAB＝∠EAC　∠EAD＝∠EAC＋∠CAD＝∠DAB＋∠CAD＝60°

③ △ABD≡△ACEより，AD＝AE　よって，△ADEは頂角が60°の二等辺三角形だから，正三角形になる。したがって，∠AED＝60°　∠AEC＝60°＋19°＝79°　△ACEにおいて，∠EAC＝180°－79°－60°＝41°　ゆえに，∠DAB＝∠EAC＝41°

④ △ADC：△ACE＝△ADC：△ABD＝DC：BD＝2：4＝1：2

◎ この問題は，△ABDと△ACEが合同な図形であることを見抜くことがポイントである。問題文を読みながら，条件を見落とさないように図に印をつけていこう。

英語　9

英作文問題は，正確な英文法の力がないと英文を作ることができないので，苦手とする受験生が多い。英作文問題では，「書きたい英文」ではなく「書ける英文」を書くように心がけよう。また，<ルール><情報>に書かれている内容を守るようにしよう。

英作文は以下の点に注意をして書くようにしたい。

・時制が正しいかどうか。

・冠詞(a / an，the)の使い方が正しいかどうか。

・可算名詞と不可算名詞を正しく使えているか。

指定語数が比較的多いが，使う英文は難しくない表現であるはずである。例年，英作文問題は，さまざまな形式で出題されているので，過去問で練習するとともに，公立高校入試の英作文問題などを使って，数多くの問題に触れるようにしよう。

国語 一 問六

★ 合否を分けるポイント

設問の「『一つ目は～。二つ目は～。』という形」の指定から，文章の構図に注目すべきだと気づけるかどうかがポイントとなる。本問は，大問一の記述式の中でも長文で答えさせるものだ。記述する時間をしっかりと確保して取り組めるかどうかが，合否を分けることになる。

★ こう答えると「合格」できない！

あいまいな言葉をはっきりさせるためにどうしたらいいかを，冒頭から順に読み進めながら探していくのでは，効率が悪く，またこれで良いのかどうか確信が持ちにくいだろう。また，筆者の考えは最終段落に書かれていると思い込んで，最終段落にばかり注目しても，注目すべき箇所を見つけられず，「合格」できない。

★ これで「合格」！

設問に書かれている「まず百科事典を調べたり本を読んだりすべきです」という内容が書かれている「［C］,」で始まる段落に着目し，どのような構成になっているのかを考えてみよう。着目すべきは,「まず百科事典を調べたり本を読んだりすべきです」の接続語「まず」だ。この後に，次に，さらに，という意味を表す接続語が続くと予想できるだろう。本文では，「まずなによりも先になすべきことは，とにかく，百科事典で……調べてみること」とあり，その後に添加の意味を表す「また」という接続語があり，「くわしく説明した適当な本を……本を少していねいに読んでみる」ことを付け加えている。ここまでが，「まず百科事典を調べたり本を読んだりすべきです」に相当する。

次に，「その次には」という語句を見つけたら，その後の「『民主主義』というような言葉は，いまの日本では，絶えず目にはいり，耳に聞こえてくるのですから，そのたびごとに，その言葉がどういう意味に使われているかということを考えてみること」に着目し，「一つ目は～。」で始まる内容としよう。さらに，直後の段落に「第三に」とある。この後の「私たち自身が『民主主義』という言葉を使うとすれば，どういう意味で使うのが一番適当であるかを自分で考えてみること」が「二つ目は～。」で始まる内容となる。ここでの「民主主義」は，「あいまいな言葉」の例として用いられているので，「民主主義」という言葉は用いずにまとめたい。読み返してみて，不自然なつながりはないか，文末が「～こと。」で結ばれていることを確認すれば，「合格」だ！

2024年度

★★★★★★★★★★★★★★★★★★★★★★★★★

入　試　問　題

2024年度

愛国学園大学附属龍ケ崎高等学校入試問題

【数　学】（50分）　＜満点：100点＞

1　次の①～⑤の計算をしなさい。

①　$-9+6-2$

②　$7-2\times5+4$

③　$2.2\div\frac{2}{7}-3.5\times\frac{1}{5}$

④　$10ab^5\div4a^2b\times2a$

⑤　$\sqrt{2}(\sqrt{2}+\sqrt{6})-(2+\sqrt{3})$

2　次の①～⑤の問いに答えなさい。

①　$a=4$のとき，$7-3a^2$の値を求めなさい。

②　$\sqrt{396n}$の値が自然数であるとき，最も小さい自然数nの値を求めなさい。

③　次の□の中に，あてはまる数を入れなさい。

　　$25\times36=100\times$□

④　Aさんは36本の色鉛筆を持っている。その中からBさんに6本あげると，AさんとBさんが持っている色鉛筆の本数の比が5：3になる。このとき，Bさんは，はじめ何本の色鉛筆を持っているかを求めなさい。

⑤　$3x^2-3x-6$を因数分解しなさい。

3　図Aのように，長方形ABCDにおいて，辺BCを1：2となるように点Eをとる。辺CDの中点をF，対角線BDとAE，AFとの交点をそれぞれG，Hとする。このとき，次の①～③の問いに答えなさい。ただし，AB＝4㎝，DA＝6㎝，∠AFD＝72°とする。

①　BG：GDを求めなさい。

②　三角形ABGの面積を求めなさい。

③　∠EAFの大きさを求めなさい。

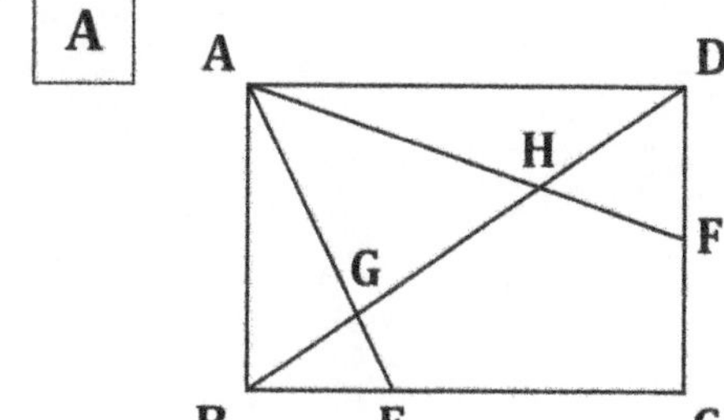

4　図B（次のページ）のように，3直線l，m，nの式は，それぞれ$y=x+2$，$y=3x$，$y=-x$である。2直線l，mとの交点をA，2直線l，nとの交点をBとし，直線lとy軸との交点をCとする。このとき，次の①～③の問いに答えなさい。

①　点Aの座標を求めなさい。

②　OCの長さを求めなさい。

③　三角形ABOの面積を求めなさい。

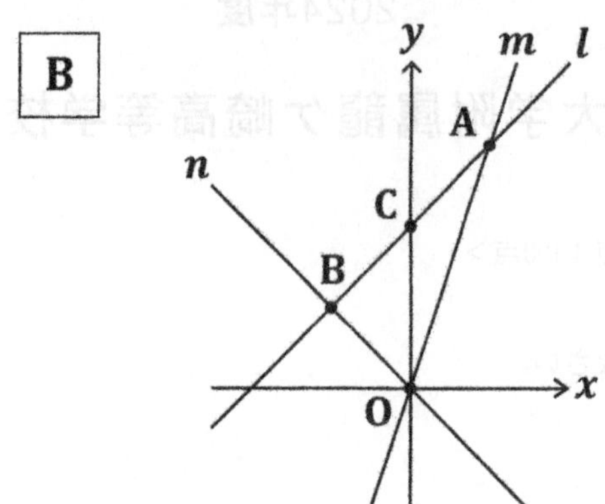

5　図のように，正三角形ABCにおいて，辺BC上に点Dをとる。BA // CEで，BD＝CEとなるように点Eをとり，EとA，EとB，EとD，AとDをそれぞれ結ぶ。このとき，次の①～④の問いに答えなさい。

ただし，AB＝6㎝，CE＝4㎝，∠DEC＝19°とする。

① DCの長さを求めなさい。

② ∠EADの大きさを求めなさい。

③ ∠DABの大きさを求めなさい。

④ 三角形ADCと三角形ACEの面積比を求めなさい。

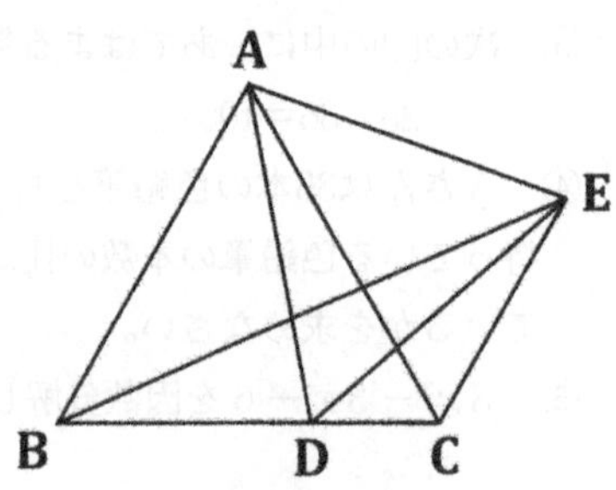

【英　語】（50分）　＜満点：100点＞

1　次の単語について，意味の上から他の３語と種類の異なるものをア～エの中から１つ選び，その記号で答えなさい。

(1)　ア　artist　イ　teacher　ウ　rugby　エ　doctor
(2)　ア　breakfast　イ　middle　ウ　lunch　エ　dinner
(3)　ア　east　イ　winter　ウ　spring　エ　summer
(4)　ア　elephant　イ　lion　ウ　bird　エ　orange
(5)　ア　coat　イ　shoe　ウ　bed　エ　shirt

2　次の動詞の活用表の（１）～（５）に当てはまる英単語を答えなさい。

原形	過去形	過去分詞形
give	（１）	given
speak	spoke	（２）
（３）	sent	sent
read	read	（４）
drink	（５）	drunk

3　次の（　）に入る前置詞として最も適切なものを右の語群からそれぞれ１つ選び，答えなさい。

(1)　He always gives me a present (　　) my birthday.
(2)　We talked (　　) Japanese culture.
(3)　I work (　　) 8 a.m. to 5 p.m.
(4)　This cup is full (　　) coffee.
(5)　It's popular not only in Singapore but also all (　　) the world.

＜語群＞

over
about
of
from
on

4　次の（　）に入る最も適切な語をア～エの中から１つ選び，その記号で答えなさい。

(1)　What (ア．did　イ．do　ウ．were　エ．are) you do last night?
(2)　This room is not (ア．uses　イ．using　ウ．used　エ．use) by students.
(3)　Cathy was (ア．play　イ．plays　ウ．played　エ．playing) tennis then.
(4)　Have you ever (ア．be　イ．been　ウ．go　エ．went) to Mt. Tsukuba?
(5)　The park is the (ア．more famous　イ．most famous　ウ．famous　エ．less famous) in our country.

5　日本語の意味に合うように（　）内の語を並べ替え，その中で２番目と４番目にくるものを番号で答えなさい。

(1)　私にとって英語を勉強することは難しかった。
It (　①to　②me　③for　④was　⑤difficult　) study English

(2) 彼女は毎週土曜日に部屋を掃除しなければならない。
She (① room ② has ③ to ④ her ⑤ clean) every Saturday.

(3) 先生は私たちに一生懸命勉強してほしいと思っています。
My (① wants ② study ③ to ④ us ⑤ teacher) hard.

(4) あなたが昨日公園であった少年はボブです。
The boy (① in ② you ③ park ④ met ⑤ the) yesterday is Bob.

(5) 私は次の日曜日，晴れることを望んでいます。
I (① will ② that ③ hope ④ be ⑤ it) sunny next Sunday.

6 次の(1)～(5)までの各対話の応答として，( ) に入る最も適切なものをア～エの中から１つ選び，その記号で答えなさい。

(1) A : How long does it take to get to Ueno station by car from here?
B : ( )
A : I see. Thank you.
ア About five o'clock. イ About five times a day.
ウ About five minutes. エ About five kilometers.

(2) A : Tomorrow is a holiday. ( )
B : I'm going to visit my grandmother's house. How about you?
A : I'm going shopping with my family.
ア What are you planning to do? イ Do you know him?
ウ Where do you buy? エ Who are the men?

(3) A : Excuse me. I want to go to TOKYO SKYTREE. ( )
B : It's far from here. You should take a bus or taxi.
A : Thank you. I will.
ア What time does it open? イ Do you know where it is?
ウ Can you believe it? エ Do you have a ticket?

(4) A : We must clean our house today.
B : ( ) Let's start cleaning the kitchen.
A : Yes. I will wash the dishes.
ア Did you know that? イ Why do you clean the room?
ウ It's in my room. エ I agree with you.

(5) A : Did you buy that wallet for Mom?
B : Yeah. It's for Christmas. ( )
A : I hope so.
ア She's here. イ I think she'll like it.
ウ I cooked a cake. エ She can't buy it.

7　次の男性（Ken）と女性（Judy）の対話で，(1) から (5) に入るものとして最も適切なものを下のア～カから選び，その記号で答えなさい。ただし，不要な選択肢が１つあります。

Ken : Hi Judy. [(1)]
Judy : Hello, Ken. I don't have anything to do.
Ken : OK. I'm having dinner with Kaori tonight.
[(2)]
Judy : Thank you for inviting me. I'd love to.
Ken : Good. Why don't we eat sushi?
Judy: Yes, Sushi is one of my favorite Japanese foods.
Also, I would like to go to Karaoke. [(3)]
Ken : Really? Then let's go to Karaoke after dinner.
Judy : Thank you. [(4)]
Ken : Me, too. Would you like to meet at Toride station at 6 p.m.?
Judy : OK. [(5)]

ア　Do you want to join us for dinner?　　イ　I'm really looking forward to it.
ウ　Do you have another one?　　エ　I have never been there.
オ　Do you have any plans tonight?　　カ　See you then.

8　次の英文は，ある日本人学生の体験談です。これを参考にして，各設問に答えなさい。
＊印のついている単語は（注）を参考にしなさい。

Last fall, I came to California from Ibaraki to study. I thought that (A) the world is getting more global, we have many similarities*. But I was surprised to find that we have many differences in our daily lives.

Just (B) my arrival in California, I went out to a restaurant for lunch with my host family and their friends. We enjoyed having delicious food and talking very much. After we finished eating and went out of the restaurant, the friends said goodbye and hugged* me tightly. At that moment, I was much surprised at the sudden hug and could not move for a while. They were a little worried and asked me (a)<u>why</u>. So, I explained to them that when I say goodbye, I wave my hand or bow* in Japan. To hear (b)<u>that</u>, they understood my reaction and laughed a lot.

Since then, I (c)<u>(interested / differences / was / in)</u> about body language between the U.S. and Japan. When we ask someone to come near us, we (d)<u>put our palms* down and fold* four fingers</u> several times in Japan. But (e)<u>in the U.S., that sign means going far away from us</u>. (f)<u>When we point to ourselves,</u> we point to our noses in Japan. But in the U.S., they point to their chests. Now I want to find more differences in body language during my homestay program.

（注）　similarities：似ている点　　hugged：抱きしめた　　bow：お辞儀をする　　palms：手のひら
fold：～を折り曲げる

⑴ 下の日本語を参考にして，カッコ(A)，(B)に指示された書き出しで始まる英単語を１語入れなさい。

(A) ～なので(b)　　　(B) ～の後で(a)

⑵ 下線部(a)“why”の後ろに省略されている内容として最も適切な英文を（ア）～（エ）の中から１つ選び，記号で答えなさい。

（ア）they said good-bye and hugged me.

（イ）I went out of the restaurant.

（ウ）I could not move for a while.

（エ）they were a little bit worried.

⑶ 下線部(b)“that”が指す内容を簡潔な日本語で説明しなさい。

⑷ 下の日本語訳を参考にして，下線部(c)の語を正しい順序に並べ替えて英文を完成させなさい。

訳：私は，日米のボディランゲージの違いに興味を持ちました。

⑸ 下線部(d)“put our palms down and fold four fingers”が指すジェスチャーを下の絵から選び，記号で答えなさい。

（ア）
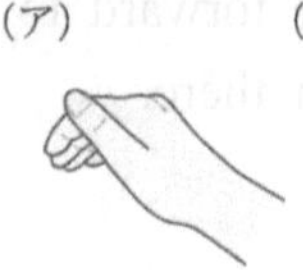
（イ）

（ウ）

（エ）
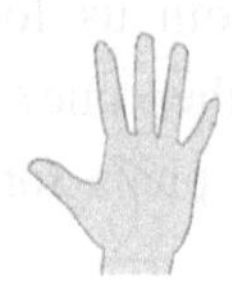

⑹ 下線部(e)“in the U.S., that sign means going far away from us”を日本語に直しなさい。

⑺ 下線部(f)“When we point to ourselves”について日本とアメリカの違いを日本語で説明しなさい。

⑻ 次の各英文について，本文の内容に合っているものには○を，間違っているものには×をつけなさい。

① This student went to California for sightseeing.

② This student went to a restaurant for lunch alone.

③ This student was surprised at the sudden hug.

9 高校生の美佳は，最初の英語の授業で家族を英語で紹介する宿題が出されました。次のルールに従い，英語の紹介文を完成させなさい。

〈ルール〉

①父，母，姉についてそれぞれ最低１つの情報に触れること

②35語～45語で完成させなさい。カンマやピリオドは含めない。

〈情報〉

父：趣味は博物館（museum）に行くこと。アメリカに３回行ったことがある。
母：趣味は犬と散歩（take a walk）すること。料理が得意。
姉：20歳，大学生，趣味は音楽を聴く（listen to music）こと

Hello, everyone. My name is Mika. I'd like to introduce my family.

This is all about my family. Thank you for listening.

四 次の①～⑩の四字熟語について、それぞれの□に入る正しい漢字を【語群】から選び、漢字で答えなさい。

①異□同音……多くの人が同じことを言うこと。
②竜□蛇尾……初めは盛んで、終わりはふるわないこと。
③十中八□……ほとんど。おおかた。大部分。
④□苦八苦……非常に苦労すること。
⑤一□瞭然……ぱっと見てわかること。
⑥一日□秋……待ちどおしいこと。
⑦危機一□……極めて危ない状態のこと。
⑧□方美人……誰に対してもほどよくふるまうこと。
⑨十人□色……好みや考えが一人ひとり違うこと。
⑩自給自□……自分に必要なものを自分で生産して満たすこと。

【語群】 髪　句　頭　十　四　八　千　口　発
目　九　足

止まるというのも⑩ヤクソクした。大きな交差点などに出た時も、先に進んでいる方がもう一人を待ってから一緒に渡ることに決めたのだ。

（竹内 真『自転車少年記』より）

問一 ――線❶～⑩のカタカナは漢字に直し、漢字は読み方を答えなさい。

問二 ――線ア「トンネルの暗がりのせいで急に心細くなってきた。」とありますが、それはなぜですか。その理由を答えなさい。

問三 ――線イ「昇平はなんだか得意げに声をかけてきた。」とありますが、昇平はどのようなことを得意げに思っているのか答えなさい。

問四 [A] に入る適当な語句を次から選び、記号で答えなさい。

ア 責任感　イ 緊張感　ウ 優越感　エ 達成感

問五 [B]・[C] にそれぞれ入る語句を本文中より選び、答えなさい。

問六 この文章から読み取れる「草太」の人物像として適切でないものを次から選び、記号で答えなさい。

ア 後先考えずに行動する。
イ 親の言うことを素直に聞く。
ウ 友達思いである。
エ 冷静に状況を判断している。

三 次の文章を読んで、後の問いに答えなさい。

漢朝に元啓と云ふ者有りけり。年十三の時、父、妻がことばに※つきて、年たけたる親を山に捨てんとす。元啓しきりにいさむれどもア用ひずして、元啓と二人、あからさまに※手輿を作りて、もちて深山の中に捨てつ。元啓、「是をもちて帰らん」と云ふに、(a)父「今は何にせんぞ、捨てよ」と云ふ時、「(b)父の年老い給ひたらん時、又もちて捨てんずるためなり」と云ふ。其時父心づきて、「我(c)父を捨つる事まことにあしきわざなり。是をまなびて我を捨つる事有りぬべし。※由なき事をしつるなるべし」と思ひ返して、父を※具して帰りてやしなひける。この事天下にきこえて、父をイ教へ、祖父をたすけぬる孝養者なりとて、ウ孝孫とぞ云ひける。※いとけなき心の中に、(d)父を教ふる智恵ふかかりける事、※まめやかの賢人也。

（『沙石集』「孝孫」より）

※つきて……従って。
※手輿……前後二人で、腰の高さまで持ち上げて、人を乗せて運ぶ乗り物。
※由なき事をしつるなるべし……つまらぬことをしてしまった。
※具して……連れて。
※いとけなき……あどけない。幼い。
※まめやかの……本当の。

問一 ――線ア「用ひずして」の主語を、本文中の語句で答えなさい。

問二 ――線イ「教へ」を現代仮名遣いに直しなさい。

問三 ――線ウ「孝孫」について説明している文の [A] ～ [C] に入る語句を本文中より選び、答えなさい（完全解答）。

孝孫とは、[A] に [B] を捨てることを思いとどまらせた [C] のこと。

問四 ――線(a)～(d)の「父」のうち、他と異なる人物を表しているものを一つ選び、記号で答えなさい。

に心細くなってきた。なんとか昇平に追いつこうと、ブレーキをゆるめてペースを上げた。

出かける前の母の注意が頭をよぎっていた。――昇平がスピードを出しすぎたら、草太が止めるのだ。

「ショーちゃん!」

声をかけたが、昇平の耳には届かなかったらしい。しまいにはその姿を見失いそうになり、草太まで必死にペダルをこいで加速するはめになってしまった。

どうにか追いついたのは、坂道が終わった先の❹交差点だった。信号が赤だったおかげで昇平も止まっており、追いついてくる草太と❺ウデ時計とを見比べている。

「やっと来たかー」

交差点に辿(たど)り着いた草太に、イ昇平はなんだか得意げに声をかけてきた。

「ショーちゃん、速すぎるって」

草太は思わず文句を言った。しかし昇平も口を尖(とが)らせて言い返してくる。

「ソータが遅いんだよ。――いいだろ、登りはそっちの方が飛ばしてたんだから」

「だって、下りでスピード出しすぎると危ないだろ」

「俺は平気だよ。毎日凧ケ丘で❻キタえてんだから」

確かに昇平は、急な坂を毎日のように自転車で駆け下っていた。かつては止まりきれずに突っ込んだ坂だったが、今では楽々と草太の家まで走ってこれるほどになっているのだ。親に見つかると❼叱られるらしいが、懲(こ)りずにスリルとスピードを楽しんでいたのである。

しかし草太は凧ケ丘でも無茶はしなかった。昇平ほど❽無鉄砲でもないし、親の言いつけには素直に従う方なのだ。急な坂を下る時には、しっかりブレーキをかけたり自転車を降りたりするのが常だった。

だからどうしたって、草太よりは昇平の方が速くなる。草太にとってはあまり面白くない事実だったが、昇平にスピードを落とさせるためには認めなくてはならないようだった。

「……ショーちゃんがあんまり速いと、追いつけないんだ。あんまり離れてはぐれちゃっても❾コマるだろ」

今回は二人とも赤信号で止まったけれど、昇平だけ渡れて草太が引っ掛かるようなことがあったら差はもっと開いてしまうだろう。海までの道は知っているとはいえ、一人になってしまうのはやはり不安だった。

その気持ちは昇平にも伝わったらしい。少し考えた後、ちょっと [A] を漂わせた顔で頷(うなず)いている。

「ま、はぐれちゃったらまずいよな」

「だろ? だからもうちょっとゆっくり――」

「でもさ、俺に下りでスピード落とせっていうんだったら、ソータも登りでもっとゆっくり走れよな」

「………」

信号待ちの間にあれこれ言い合った末、二人の間には妙な取り決めができた。――[B] の時は昇平が、[C] の時は草太が前を走るのだ。遅い方が先頭なら差も開かないだろうということになったのである。

仮に相手を引き離しても、相手の姿が見えないほど離れてしまったら

その場、その場で、これはどういう意味だろうと考えるよりも、それぞれの場合に読者自身の「民主主義」と、著者の「民主主義」とのイ距離を測定するほうが、はるかに操作が簡単で、整理が❻ヨウイになるはずです。数かぎりなくある「民主主義」という言葉の意味は、いわば一つの意味からの距離にしたがって、頭のなかに配列されるということになります。そういう操作を一度行なっておくことは、その後の読書が、その前とはくらべものにならないほど正確になる。別な言葉でいえば、たいていの本は読んでよくわかるということになります。

（加藤　周一『読書術』より）

※字引…辞書。

問一　——線❶～❻のカタカナは漢字に直し、漢字は読み方を答えなさい。

問二　A ～ D に入る適当な語句を次から選び、記号で答えなさい。

ア　しかし　イ　あるいは　ウ　だから　エ　たとえば　オ　もちろん

問三　——線ア「あいまいな言葉」の「な」と意味・用法が同じものを本文中のa「な」～c「な」から一つ選び、記号で答えなさい。

問四　——線ア「あいまいな言葉」と同様の内容を述べている部分を四十字以上五十字以内で抜き出し、最初の四字を答えなさい。

問五　——線イ「距離を測定する」という表現をわかりやすく言い換えた次の文の（　）に入る語句を五字以内で答えなさい。

あいまいな言葉の（　　　）について確認すること。

問六　筆者は、あいまいな言葉の意味をはっきりさせるために、まず百科事典を調べたり本を読んだりすべきだと述べています。その他には何をすればよいと言っていますか。「一つ目は～。二つ目は～。」という形で答えなさい。

二　次の文章を読んで、後の問いに答えなさい。

草太と昇平は小さい頃から自転車が大好きで、いつも一緒に自転車に乗って遊んでいた。そして四年生になって、二人で海まで自転車で行くことにした。

「下り坂じゃショーちゃんに敵（かな）わないからさ、せめて登り坂くらい勝っとかないと」

謙遜（けんそん）めいたことを口にしながら、シフトレバーに指をかけた。ギアをいくつか軽い方に落とし、ペースを落として昇平と並ぶ。

しばらく平らな道が続き、二人は荒くなった息を整えながら走っていった。

草太がおだてたせいか、昇平は下り坂に入ると張り切って加速しはじめた。

❶放っておいても速くなっていく中、さらにペダルをこいでスピードを上げていく。草太が思わずブレーキをかけるようなカーブに入っても速度を落とさず、身を❷伏せた体勢で曲がっていくのだった。

二人の差はぐんぐん開き、前を走る昇平の❸セナカが小さくなっていく。坂の途中でトンネルに入り、昇平は自慢のスーパーカーライトを点（つ）けて暗い道の中に突っ込んでいった。

草太もライトを点けて後に続いたが、アトンネルの暗がりのせいで急

【国　語】（五〇分）〈満点：一〇〇点〉

一　次の文章を読んで、後の問いに答えなさい。

以前新聞の学芸欄が「アあいまいな言葉」という特集をしたことがあります。そこに拾いあげられたあいまいな言葉は、いたるところで使われています。そういう文章や本を理解するには、どうしたらよいでしょうか。「自由」といい、「民主主義」といいます。また、「進歩」といい、「反動」といいます。「❶デントウ」とか「文化」とか、――だれでもいちおうわかっているような気がしていて、よく考えてみると、その意味のはっきりしない言葉が、数かぎりなくあります。

　とにかく、そういうあいまいな言葉をなんとなくわかったことにして、しかし、あいまいなままに残しておき、さて、そういう言葉を絶えず使いながら行なわれている議論がある。そういう議論を読んでも、その意味は、結局はっきりしてこないでしょう。[A] ※字引をひくことはできるでしょう。[B] 字引の説明は、おそらく、あまりはっきりしたものではないでしょう。そういう言葉は、多くの時代に、多くのグループによって、また多くの個人によってさえも、違った意味に使われてきたのです。

[C]、「民主主義」というときに、その言葉の意味は、だれが、それを、いつ、どこで使ったかということによって、意味が違ってきます。ただ一つの定義でそれを片づけるわけにはゆきません。しかし、なんにもしないで、その場の空気に頼っていては、いつまでたっても意味がはっきりしません。なんとか❷工夫を立ててみる必要があるでしょう。もう少し「民主主義」の例についていえば、まずなによりも先になすべきことは、とにかく、百科事典で「民主主義」の項目を調べてみることでしょう。そこには言葉のはじめの意味、それから、歴史的にその言葉がどういうふうに使われ、どういう内容をもってきたかということの❸概略が書いてあるはずです。また、同じよう a[な] 内容を百科事典の項目よりも、くわしく説明した適当 b[な] 本があるとすれば、その本を少していねいに読んでみるのもよい方法だろうと思います。その次には、「民主主義」というような言葉は、いまの日本では、絶えず目にはいり、耳に聞こえてくるのですから、そのたびごとに、その言葉がどういう意味に使われているかということを考えてみることです。そのとき、百科事典の項目で読んだ知識は、いわば土台として役立つでしょう。

　そういうことをしばらく繰り返していると、およそ「民主主義」という言葉の使い方にどういう種類があるかということが、しだいに整理されて頭にはいってくるでしょう。そこで、第三に、もし私たち自身が「民主主義」という言葉を使うとすれば、どういう意味で使うのが一番適当であるかを自分で考えてみることです。[D]「民主主義」に自分なりの定義を与えようと❹ツトめてみることだといってもいいでしょう。どうせ❺ゲンミツな定義は不可能です。しかし、自分の立場に即して、一定の範囲のなかに言葉の意味を限定することだけは、きっとできるでしょう。もちろん「民主主義」という言葉の自分なりの定義は、同じ言葉を使うほかの人たちのあいだには通用しません。ある一つの本は、その定義で解釈することができるかもしれませんが、しかし、もう一つの本は、その定義では解釈できないでしょう。それでも、そういう自分なりの定義を持っていることは、ほかの人の本を読むときに理解の大き c[な] 助けになるはずです。

2024年度

解 答 と 解 説

《2024年度の配点は解答欄に掲載してあります。》

＜数学解答＞《学校からの正答の発表はありません。》

1 ① -5 ② 1 ③ 7 ④ $5b^4$ ⑤ $\sqrt{3}$
2 ① -41 ② $n=11$ ③ 9 ④ 12本 ⑤ $3(x-2)(x+1)$
3 ① BG：GD＝1：3 ② 3cm² ③ ∠EAF＝45°
4 ① A(1, 3) ② OC＝2 ③ 2
5 ① DC＝2cm ② ∠EAD＝60° ③ ∠DAB＝41° ④ △ADC：△ACE＝1：2

○推定配点○

各5点×20　計100点

＜数学解説＞

基本 **1** (数・式の計算，平方根の計算)

① $-9+6-2=6-11=-5$

② $7-2\times5+4=7-10+4=11-10=1$

③ $2.2\div\frac{2}{7}-3.5\times\frac{1}{5}=\frac{22}{10}\times\frac{7}{2}-\frac{35}{10}\times\frac{1}{5}=\frac{77}{10}-\frac{7}{10}=\frac{70}{10}=7$

④ $10ab^5\div4a^2b\times2a=10ab^5\times\frac{1}{4a^2b}\times2a=5b^4$

⑤ $\sqrt{2}(\sqrt{2}+\sqrt{6})-(2+\sqrt{3})=2+\sqrt{12}-2-\sqrt{3}=2\sqrt{3}-\sqrt{3}=\sqrt{3}$

基本 **2** (式の値，平方根と平方数，計算のくふう，1次方程式，因数分解)

① $7-3a^2=7-3\times4^2=7-3\times16=7-48=-41$

② $396=6^2\times11$から，$\sqrt{396n}=6\sqrt{11n}$　よって，求める自然数nの値は，$n=11$

③ $25\times36=25\times4\times9=100\times9$　よって，□＝9

④ Bさんがはじめx本の色鉛筆を持っているとすると，$(36-6):(x+6)=5:3$，$5(x+6)=30\times3$，$5x+30=90$，$5x=90-30=60$，$x=60\div5=12$　よって，12本

⑤ $3x^2-3x-6=3(x^2-x-2)=3(x-2)(x+1)$

3 (平面図形の計量問題－平行線と線分の比の定理，面積，三角形の合同，角度)

基本 ① BG：GD＝BE：AD＝BE：BC＝1：3

② BG：BD＝1：4，$\triangle ABD=\frac{1}{2}\times6\times4=12$から，$\triangle ABG=\frac{1}{4}\triangle ABD=\frac{1}{4}\times12=3$(cm²)

重要 ③ $BE=BC\times\frac{1}{3}=6\times\frac{1}{3}=2$　$EC=6-2=4$　$CF=CD\div2=4\div2=2$　補助線EFをひく。△ABEと△ECFにおいて，∠ABE＝∠ECF＝90°…(i)，AB＝EC＝4…(ii)，BE＝CF＝2…(iii)　(i)～(iii)より，2辺とその間の角がそれぞれ等しいので，△ABE≡△ECF　よって，AE＝EF　∠EAB＝∠FEC　∠AEF＝180°－(∠AEB＋∠FEC)＝180°－(∠AEB＋∠EAB)＝180°－90°＝90°　よって，△EAFは直角二等辺三角形になるから，∠EAF＝45°

4 (図形と関数・グラフの融合問題)

基本 ① $y=x+2$…(i)　$y=3x$…(ii)　(i)と(ii)からyを消去すると，$x+2=3x$，$-2x=-2$，$x=1$

(ii)に$x=1$を代入すると，$y=3\times1=3$　よって，A(1, 3)

基本 ② C(0, 2)から，OC=2

重要 ③ $y=-x$…(iii)　(i)と(iii)からyを消去すると，$x+2=-x$，$2x=-2$，$x=-1$　よって，点Bのx座標は-1　したがって，$\triangle ABO=\triangle ACO+\triangle BCO=\frac{1}{2}\times2\times1+\frac{1}{2}\times2\times1=1+1=2$

5 (平面図形の計量問題－三角形の合同，角度，面積比)

基本 ① △ABCは正三角形だから，BC=AB=6，DC=BC−BD=6−4=2(cm)

重要 ② △ABDと△ACEにおいて，仮定から，AB=AC…(i)，BD=CE…(ii)　BA//CEより，錯角は等しいから，∠ACE=∠BAC=60°よって，∠ABD=∠ACE…(iii)　(i)～(iii)より，2辺とその間の角がそれぞれ等しいので，△ABD≡△ACE　よって，∠DAB=∠EAC　したがって，∠EAD=∠EAC+∠CAD=∠DAB+∠CAD=60°

重要 ③ △ABD≡△ACEより，AD=AE　よって，△ADEは頂角が60°の二等辺三角形だから，正三角形になる。したがって，∠AED=60°　∠AEC=60°+19°=79°　△ACEにおいて，∠EAC=180°−79°−60°=41°　ゆえに，∠DAB=∠EAC=41°

④ △ADC：△ACE=△ADC：△ABD=DC：BD=2：4=1：2

★ワンポイントアドバイス★

4③で，△ACOと△BCOのCOを底辺とすると，高さは点Aと点Bのx座標の絶対値となる。点Bのx座標を－のまま計算しないように気をつけよう。

＜英語解答＞《学校からの正答の発表はありません。》

1 (1) ウ　(2) イ　(3) ア　(4) エ　(5) ウ

2 (1) gave　(2) spoken　(3) send　(4) read　(5) drank

3 (1) on　(2) about　(3) from　(4) of　(5) over

4 (1) ア　(2) ウ　(3) エ　(4) イ　(5) イ

5 (1) 2番目 ⑤　4番目 ②　(2) 2番目 ③　4番目 ④　(3) 2番目 ①　4番目 ③　(4) 2番目 ④　4番目 ⑤　(5) 2番目 ②　4番目 ①

6 (1) ウ　(2) ア　(3) イ　(4) エ　(5) イ

7 (1) オ　(2) ア　(3) エ　(4) イ　(5) カ

8 (1) (A) because　(B) after　(2) ウ　(3) 日本ではさようならをする時，手を振るかお辞儀をすること　(4) was interested in differences　(5) ア　(6) アメリカでは，そのサインは私たちから離れることを意味する。　(7) 日本では自分の鼻を指し，アメリカでは自分の胸を指す。　(8) ① ×　② ×　③ ○

9 My father's hobby is to visit museum. He has been to America three times. My mother likes taking a walk with our dog. She is good at cooking. My sister is 20 years old. She is a university student. Her hobby is listening to music.

○推定配点○

1～8　各2点×46　　9　8点　　計100点

<英語解説>

基本 **1** （単語）

(1)　ウ「ラグビー」，残りは職業に関する単語である。
(2)　イ「中間」，残りは食事に関する単語である。
(3)　ア「東」，残りは季節に関する単語である。
(4)　エ「オレンジ」，残りは動物に関する単語である。
(5)　ウ「ベッド」，残りは身につけるものに関する単語である。

基本 **2** （単語）

(1)　give – gave – given
(2)　speak – spoke – spoken
(3)　send – sent – sent
(4)　read – read – read
(5)　drink – drank – drunk

基本 **3** （語句補充：前置詞）

(1)　<on ＋ 特定の日にち>「～に」
(2)　talk about～「～について話す」
(3)　from A to B「AからBまで」
(4)　be full of～「～でいっぱいだ」
(5)　all over the world「世界中」

4 （適語選択：受動態，進行形，現在完了，比較）

(1)　過去形の疑問文は<did ＋ 主語 ＋ 動詞の原形>という語順になる。
(2)　受動態の文は<be動詞 ＋ 過去分詞>の形になる。
(3)　<be動詞 ＋ ～ing>で進行形の文になる。
(4)　have been to ~「～に行ったことがある」
(5)　前に the があるので最上級を用いた文にする。

重要 **5** （語句整序：不定詞，助動詞，関係代名詞，接続詞）

(1)　(It) was difficult for me to (study English.)　<It is ～ for 人 to...>「人にとって…することは～だ」
(2)　(She) has to clean her room (every Saturday.)　have to～「～しなければならない」
(3)　(My) teacher wants us to study (hard.)　<want ＋ 人 ＋ to～>「人に～してほしい」
(4)　(The boy) you met in the park (yesterday is Bob.)　boy と you の間に目的格の関係代名詞 that が省略されている英文である。
(5)　(I) hope that it will be (sunny next Sunday.) I hope that～「～ことを望んでいる」

6 （会話文）

(1)　How long does it take to～?「～するのにどれくらい時間がかかりますか」
(2)　この後で明日することを答えていることから，明日の予定を尋ねていることがわかる。
(3)　この後で「ここから遠い」と答えているので，Do you know where it is?「どこにあるかご存知ですか」が適切である。
(4)　家を掃除する必要があるという提案に対して，「台所の掃除を始めよう」と答えていることから，I agree with you.「あなたに同意します」が適切である。
(5)　お母さんに買った財布に対して，「気に入ってくれると思います」という意味の I think she'll like it. が適切である。

7 （会話文）

(1)　Judyが「何もすることがない」と返答していることから，予定があるかどうか尋ねていると分かる。

(2)　この後で「招待してくれてありがとう」と言っていることから，夕食に誘っていると判断できる。

(3)　Judyがカラオケに行きたいと言い，Kenが「それなら夕食の後にカラオケに行こう」と言っているので，「カラオケに一度も行ったことがない」が文脈に最も適切である。

(4)　Kenが「僕も」と返答していることから，Judyの発言として「楽しみにしています」が文脈に最も適切である。look forward to～「～を楽しみに待つ」

(5)　別れる時のあいさつとして，See you then.「それじゃあまたね」がふさわしい。

重要 8 （長文読解・説明文：適語補充，指示語，語句整序[受動態]，内容吟味，要旨把握）

（全訳）　去年の秋，私は勉強するために茨城からカリフォルニアに来た。世界がよりグローバルになっている(A)ので，私たちには多くの似ている点があると思った。しかし，日常生活において多くの違いがあることに驚いた。

ちょうどカリフォルニアに到着した(B)後，私はホストファミリーとその友人たちと一緒にランチのためにレストランに出かけた。美味しい食事と会話をとても楽しんだ。食事を終えてレストランを出た後，友人たちはさようならを言ってきつく抱きしめてくれた。その突然の抱擁にとても驚き，しばらく動けなくなった。彼らは少し心配して，(a)なぜかを尋ねた。そこで，日本ではさようならを言う時に手を振るかお辞儀をすると説明した。(b)それを聞いて，彼らは私の反応を理解し，たくさん笑った。

それ以来，私はアメリカと日本の間のボディランゲージの(c)違いについて興味を持った。日本では誰かを近くに呼ぶ時，何度か(d)手のひらを下にして4本の指を折り曲げる。しかし，(e)アメリカではそのサインは私たちから遠く離れることを意味する。日本では(f)自分自身を指す時には鼻を指すが，アメリカでは胸を指す。今，私はホームステイプログラム中にボディランゲージの更なる違いを見つけたいと思っている。

(1)　(A)「～なので」を意味する英単語はbecauseで，原因や理由を導くのに用いる。(B)「～の後で」を意味する英単語はafterで，時間の経過を示している。

(2)　直前のI could not move for a while.が省略されており，この後で友人たちの抱擁に対する驚きと動けなくなった反応を説明するのに合致する。

(3)　指示語は直前部分の「日本ではさようならを言う時に手を振るかお辞儀をする」という部分を指している。

(4)　「～に興味がある」be interested in～

(5)　下線部は，日本で誰かを近くに呼ぶジェスチャーであり，手のひらを下にして指を折り曲げる動作が適切である。

(6)　go away from～「～から遠くに行く」

(7)　自分自身を指すときの日本とアメリカの違いは，日本では自分自身を指す時に鼻を指し，アメリカでは胸を指すという違いである。

(8)　①「この学生は観光でカリフォルニアに行った」第1段落第1文参照。勉強するために行ったので不適切。②「この学生は一人でランチのためにレストランに行った」第2段落第1文参照。ホストファミリーと友人たちと一緒だったので不適切。③「この学生は突然の抱擁に驚いた」第2段落第3文参照。突然の抱擁に驚き動けなかったので適切。

9 (英作文)

「趣味は～です」My father's(mother's / sister's) hobby is ~ing.

「～に行ったことがある」have been to ~

「～が得意だ」be good at ~ing

主語が3人称単数になるので，一般動詞には3単現のsを忘れずにつけよう。

★ワンポイントアドバイス★

例年，同程度の難易度の問題構成となっている。教科書の英文や単語は何度も反復し身につけたい。また，過去問を繰り返し解いて出題傾向に慣れるようにしたい。

＜国語解答＞《学校からの正答の発表はありません。》

一　問一　① 伝統　② くふう　③ がいりゃく　④ 努(めて)　⑤ 厳密　⑥ 容易　問二　A オ　B ア　C エ　D イ　問三　b　問四　だれでも　問五　(例) 意味の違い　問六　(例) (一つ目は)その言葉を見聞きするたびに，どういう意味で使われているか考えてみること。(二つ目は)自分でその言葉を使うときに，どういう意味で使うのが適当か考えてみること。[その言葉に自分なりに定義を与えてみようと努力すること。]

二　問一　① ほう(って)　② ふ(せた)　③ 背中　④ こうさてん　⑤ 腕　⑥ 鍛(えて)　⑦ しか(られる)　⑧ むてっぽう　⑨ 困(る)　⑩ 約束　問二　(例) はぐれて一人になってしまうのは不安だから。　問三　(例) 下りは草太よりも自分のほうが速いということ。　問四　A ウ　問五　B 登り(坂)　C 下り(坂)　問六　ア

三　問一　父　問二　おしえ　問三　A 父　B 祖父　C 元啓　問四　C

四　① 口　② 頭　③ 九　④ 四　⑤ 目　⑥ 千　⑦ 髪　⑧ 八　⑨ 十　⑩ 足

○推定配点○

一　問一　各1点×6　問二　各2点×4　問六　各3点×2　他　各5点×3

二　問一　各1点×10　他　各5点×5(問五完答)　三　各5点×4(問三完答)

四　各1点×10　計100点

＜国語解説＞

一　(論説文－大意・要旨，文脈把握，接続語の問題，漢字の読み書き，品詞・用法)

問一　① ある集団の中で受け継がれてきた風習やしきたりなど。「統」の訓読みは「す(べる)」。② いろいろ考えてよい方法を生み出すこと。「工」の他の音読みは「コウ」。③ おおよその内容。「概」を使った熟語には，他に「概念」「一概」などがある。④ 音読みは「ド」。同訓異義語の「務める」「勤める」と区別する。⑤ 細部に渡って厳しくすること。「厳」の他の音読みは「ゴン」。⑥ たやすいこと。「易」の他の音読みは「エキ」。

問二　A 「あいまいな言葉」の「意味ははっきりしないでしょう」という直前の内容に対して，

後で「字引をひくことはできるでしょう」と当然予想される反論を述べているので，言うまでもなく，という意味の語句が入る。 B「字引をひくことはできる」という前に対して，後で「字引の説明は……あまりはっきりしたものではない」と相反する内容を述べているので，逆接の意味を表す語句が入る。 C「多くの個人によってさえも，違った意味に使われてきた」例を，後で「『民主主義』というときに……だれが，それを，いつ，どこで使ったかということによって，意味が違ってきます」と挙げているので，例示の意味を表す語句が入る。 D「どういう意味で使うのが一番適当であるかを自分で考えてみること」という前か，後の「自分なりの定義を与えようとツトめてみること」のどちらか，という文脈なので，選択の意味を表す語句が入る。

問三　――線ア「あいまいな」は，「あいまいだ」という形容動詞の一部で，意味・用法が同じものはb。aは助動詞の一部。cは連体詞の一部。

問四　同じ段落で，「あいまいな言葉」について「自由」「民主主義」「進歩」「反動」「デントウ」「文化」などの例を挙げた後，「だれでもいちおうわかっているような気がしていて，よく考えてみると，その意味のはっきりしない言葉」と説明している。

やや難 問五　――線イの「測定する」は，言い換えた文の「確認する」に相当するので，「読者自身の『民主主義』と，筆者の『民主主義』との距離」とは，どのようなことかを考える。それぞれの「読者」と，「筆者」自身との「民主主義」について述べている部分を探すと，直前の段落に「自分の立場に即して，一定の範囲のなかに言葉の意味を限定することだけは，きっとできる……『民主主義』という言葉の自分なりの定義は，同じ言葉を使うほかの人たちのあいだには通用しません」とあるのに気づく。ここから，「距離」とは，「民主主義」という言葉に対する自分なりの意味と，他の人の意味との違いのことだとわかる。「民主主義」は「あいまいな言葉」の例なので，意味の違いという語句が入る。

重要 問六　「[C],」で始まる段落では，「民主主義」などの「あいまいな言葉」の意味をはっきりさせるための工夫を挙げている。「まず」で始まる文以降の内容が，設問にある「百科事典を調べたり本を読んだりすべき」に相当する。後の「その次には,」で始まる文の内容が「一つ目は～」に相当する。さらに，「第三に,」で始まる文の内容が「二つ目は～」に相当する。それぞれの内容を簡潔にまとめて，「～こと。」の形で結ぶ。

二　(小説―情景・心情，文脈把握，脱文・脱語補充，漢字の読み書き)

問一　①　他の訓読みは「はな(す)」。　②　音読みは「フク」で，「起伏」「降伏」などの熟語がある。　③　「背」の他の訓読みは「せい」「そむ(く)」。　④　二本以上の道路が交わるところ。　⑤　音読みは「ワン」で，「手腕」「敏腕」などの熟語がある。　⑥　音読みは「タン」で，「鍛錬」などの熟語がある。　⑦　音読みは「シツ」で，「叱責」などの熟語がある。　⑧　結果を考えずにむやみに行動すること。　⑨　音読みは「コン」で，「困惑」「貧困」などの熟語がある。　⑩　当事者の間で取り決めること。「束」の訓読みは「たば」。

問二　「心細く」は，不安な気持ちを表す。「トンネルの暗がり」の中で昇平との差が開き，おいていかれそうになった草太の気持ちが読み取れる部分を探す。後で「昇平だけ渡れて草太が引っ掛かるようなことがあったら差はもっと開いてしまうだろう……一人になってしまうのはやはり不安だった」とあることから，トンネルの暗がりの中でも，草太ははぐれて一人になってしまうのは不安だったことが読み取れる。この内容を，理由を表す「～から。」で結ぶ形でまとめる。

やや難 問三　前で「草太がおだてたせいか，昇平は下り坂に入ると張り切って加速し」，草太を置いてきぼりにした後，交差点で「やっと来たかー」と言っている。ここから，下り坂は草太よりも自分のほうが速いということを得意げに思っているとわかる。「どのようなことを」と問われているので，「～こと。」につなげる形でまとめる。

問四　前の「……ショーちゃんがあんまり速いと，追いつけないんだ」という草太の言葉を聞いた時の昇平の気持ちを想像する。自分が他人より優れていると感じる気持ちを表す語句が入る。

基本 問五　直後の文の「遅い方が先頭なら差も開かないだろう」から，Bには昇平が苦手な所が，Cには草太が苦手な所が入る。冒頭の「下り坂じゃショーちゃんに敵わないからさ，せめて登り坂くらい勝っとかないと」という草太の言葉に着目する。

重要 問六　「しかし」で始まる段落の「草太は風ケ丘でも無茶はしなかった。昇平ほど無鉄砲でもないし，親の言いつけには素直に従う方なのだ。急な坂を下る時には，しっかりブレーキをかけたり自転車を降りたりするのが常だった」という様子に，イとエが読み取れる。「無鉄砲でもない」から，アが適切ではないと判断できる。「だから」で始まる段落に，草太は「面白くない事実」であっても，昇平のために認めているので，ウの「友達思い」は適切であることを確認する。

三　(古文―文脈把握，文と文節，仮名遣い)

〈口語訳〉　漢の時代に元啓という者がいた。(元啓が)十三歳の時，父は，妻の言葉に従って，年老いた親を山へ捨てようとした。元啓はしつこく父をいさめたけれども(父は)聞かず，元啓と二人で，急いで手輿を作って，(祖父を)運んで山奥に捨てた。(この時)元啓は，「この手輿を持って帰ろう」と言うので，父は「今となっては何にもならない。捨てなさい」と言うと，(元啓は)「父が年をお取りになった時に，また(父を)運んで捨てるためです」と言う。その時父ははっと気がつき，「私が父を捨てることは本当に悪い行いであった。(子も)これをまねて私を捨てることになるだろう。つまらぬことをしてしまった」と思い直して，父を連れて帰って養ったのだった。このことが世間の人々に知られて，父を教え，祖父(の命)を助けた孝養者だとして，(世間の人々は)孝孫と言った。幼い心の中に，父を教える知恵が深かったことは，本当の賢人である。

問一　元啓が「しきりにいさむれども」，その忠告を聞き入れ「用ひ」なかったのは，「父」。

基本 問二　歴史的仮名遣いの語頭以外のハ行は，現代仮名遣いではワ行に直す。

重要 問三　元啓は，年老いた祖父を山に捨てようとする父を思いとどまらせるために，父が年を取ったら運んで捨てるために「手輿を持って帰ろう」と言っている。このように元啓が，父に祖父を捨てることを思いとどまらせたので，「孝孫」と呼ばれるようになったという内容から判断する。

問四　「我(c)父を捨つる事まことにあしきわざなり」は，「父」の会話なので，会話中の「父」は「祖父」ということになる。

四　(熟語)

①「いくどうおん」，②「りゅうとうだび」，③「じっちゅうはっく(じゅっちゅうはっく)」，④「しくはっく」，⑤「いちもくりょうぜん」，⑥「いちにちせんしゅう(いちじつせんしゅう)」，⑦「ききいっぱつ」，⑧「はっぽうびじん」，⑨「じゅうにんといろ」，⑩「じきゅうじそく」と読む。

★ワンポイントアドバイス★

人物の心情や理由などを，自分の言葉で簡潔にまとめる練習を重ねておこう。

大切なことはメモしておこうネ！

T.G

2023年度

★★★★★★★★★★★★★★★★★★★★★★★★★

入　試　問　題

2023年度

愛国学園大学附属龍ケ崎高等学校入試問題

【数　学】（50分）　＜満点：100点＞

1　次の①～⑤の計算をしなさい。

①　$3-7+1$　　②　$56\div8\times7$

③　$\frac{13}{4}\times0.8+1.75\div\frac{5}{4}$　　④　$(-8a-3)-(3-8a)$

⑤　$5\sqrt{6}-\sqrt{3}\times\sqrt{8}$

2　次の①～⑤の問いに答えなさい。

①　$a=-3$のとき，$11+2a$の値を求めなさい。

②　1次方程式$2(x-9)=6-x$を解きなさい。

③　次の□の中に，あてはまる数を入れなさい。

$191\times3=100\times5+10\times\square+1\times3$

④　ある本を1週間で読み終えました。最初の2日間で1日16ページずつ，その後の5日間で1日30ページずつ読みました。このとき，1日平均何ページずつ読んだかを求めなさい。

⑤　$4x^2-y^2$を因数分解しなさい。

3　図Aのように，正三角形ABCにおいて，点Dは辺AC上にあり，辺BCと平行な線分AEを引き，AD＝AEとなる。このとき，次の①～③の問いに答えなさい。ただし，AB＝5㎝，CD＝2㎝，∠DBC=23°とする。

①　∠EACの大きさを求めなさい。

②　AEの長さを求めなさい。

③　∠CEAの大きさを求めなさい。

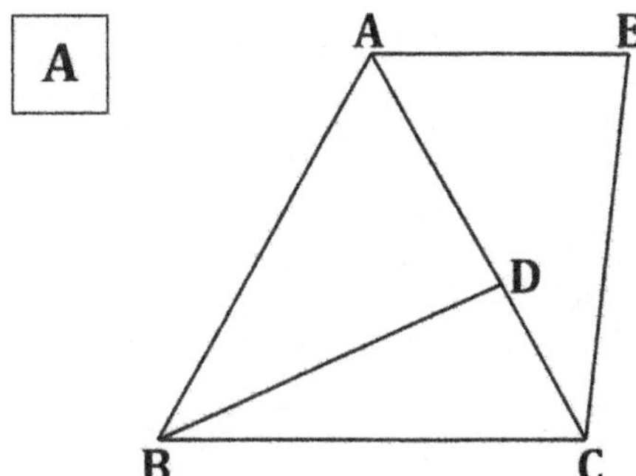

4　図Bのように，関数$y=\frac{1}{2}x^2$のグラフと傾き-2の直線（1）がある。点Aはx座標が2で，関数$y=\frac{1}{2}x^2$と直線（1）の交点である。点Bは直線（1）とy軸との交点であり，点PはOB上にある。このとき，次の①～④の問いに答えなさい。

①　点Aのy座標を求めなさい。

②　OBの長さを求めなさい。

③　三角形OABの面積を求めなさい。

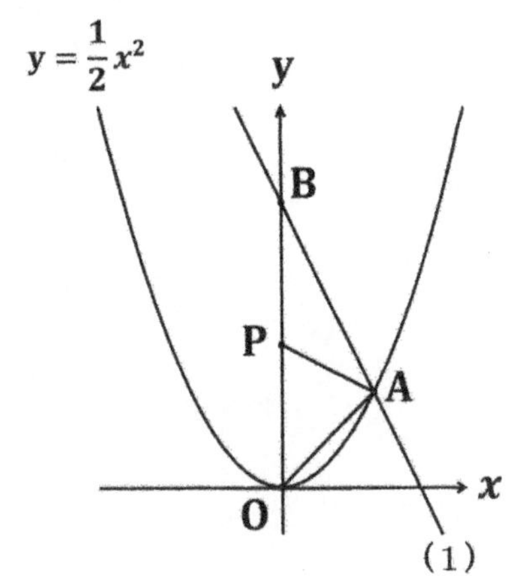

④　三角形ABPの面積と三角形APOの面積が等しくなるような点Pの座標を求めなさい。

5　図Cのように，台形ABCDにおいて，AD∥BCで，ABの中点をM，DCの中点をNとする。ANの延長とBCの延長の交点をLとし，三角形ABLの面積を56㎠とする。このとき，次の①～③の問いに答えなさい。ただし，AD＝6㎝，BC＝12㎝とする。

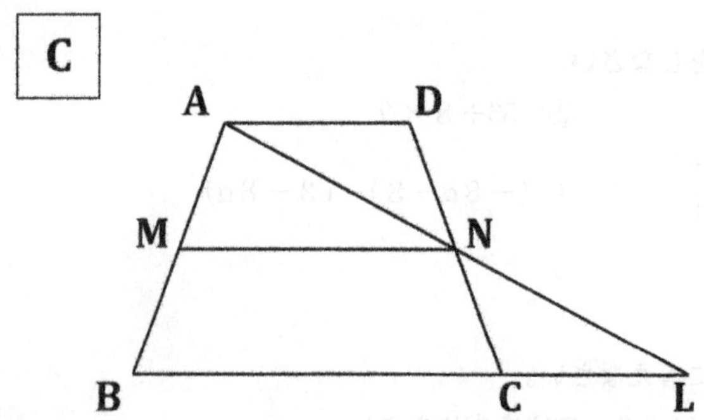

①　MNの長さを求めなさい。
②　CLの長さを求めなさい。
③　三角形NCLの面積を求めなさい。

【英　語】(50分)　＜満点：100点＞

1　次の単語について，意味の上から他の3語と種類の異なるものをそれぞれア～エの中から一つ選び，その記号を答えなさい。

(1) ア．baseball　イ．soccer　ウ．tennis　エ．vacation
(2) ア．Holiday　イ．Sunday　ウ．Friday　エ．Monday
(3) ア．head　イ．desk　ウ．leg　エ．hand
(4) ア．school　イ．station　ウ．bike　エ．hospital
(5) ア．dinner　イ．noon　ウ．morning　エ．evening

2　次の動詞の活用表の空欄を埋めなさい。

現在形	過去形	過去分詞形
write	(1)	written
become	(2)	become
see	saw	(3)
(4)	built	built
run	ran	(5)

3　次の（　）に入る前置詞として最も適切なものを右の語群からそれぞれ一つ選び，答えなさい。

(1) My mother gets up (　　) six.
(2) I went to Australia (　　) 2018.
(3) Please look at the car (　　) the road.
(4) Aya invited her friends (　　) her house.
(5) I went to Ken's house (　　) the first time.

〈語　群〉
on
to
for
in
before

4　日本語の意味に合うように，（　）に入る最も適切な語をア～エから選び，記号で答えなさい。

(1) This is the bag (ア．what　イ．which　ウ．who　エ．where) I bought at that shop.
(2) This question is (ア．easy　イ．easier　ウ．easiest　エ．easily) than that one.
(3) Ken (ア．have　イ．had　ウ．has　エ．having) been to Kyoto three times.
(4) It is important for them to (ア．study　イ．studied　ウ．studying　エ．studies) hard.
(5) He wants a car (ア．make　イ．makes　ウ．making　エ．made) in Japan.

5　日本語の意味に合うように（　）内の語句を並べ替え，その中で2番目と4番目にくるものを番号で答えなさい。ただし文頭にくるものも小文字で示してあります。

(1) 彼女の携帯番号を教えてください。
Please (① her　② me　③ let　④ phone number　⑤ know).

(2) ここはこの町で最も美しい公園です。

This is (① in ② the most ③ the city ④ beautiful ⑤ park).

(3) 明日，私たちと映画に行きませんか。

(① going ② the movie ③ about ④ to ⑤ how) with us tomorrow?

(4) その絵を購入したのは彼でした。

(① was ② him ③ by ④ the picture ⑤ bought).

(5) 私は彼がそのペンを気に入ってくれてうれしいです。

(① likes ② that ③ he ④ I'm ⑤ glad) the pen.

6 次の(1)～(5)までの各対話の応答として，(　)に入る最も適切なものをア～エから選び，記号で答えなさい。

(1) A : How long can I borrow these books?

B : (　　) You must return them by Friday.

A : I see.

ア From today.　　イ It's closed on Sundays.

ウ For three days.　　エ You can borrow these books.

(2) A : I have two tickets for the baseball game tonight. Can you come with me?

B : Really? (　　)

A : The game will start at 7:00. OK?

B : OK.

ア Me too.　　イ You're right.

ウ That's great.　　エ No, that's not true.

(3) A : You're a good dancer. How did you learn to dance?

B : (　　) I want to be a professional dancer.

A : Good dream. You can do it!

ア I take lessons once a week.　　イ I know about it.

ウ Yes, I can do it.　　エ I went to the zoo.

(4) A : I need an eraser. (　　)

B : Yes. Here you are.

A : Thank you.

ア Can you play it?　　イ Do you have another one?

ウ Is it today?　　エ How many?

(5) A : Mr. Yasuda is so interesting.

B : (　　) He's one of my favorite teachers.

A : Yes. Every student likes him.

ア I don't agree.　　イ I asked him yesterday.

ウ I'll do my best.　　エ I think so, too.

7 次の男性（Man）と女性（Woman）の対話で (1) から (5) に入るものとして最も適切なものを下のア～カから選び，記号で答えなさい。

Man: (1) May I ask you a question?
Woman: Sure.
Man: (2)
Woman: Let me see, Go straight along this street and you'll see the post office on your right.
Then turn right at the post office.
Man: OK. (3)
Woman: Well... About twenty minutes.
Man: Really? I must get to Shibuya station by 15:00.
Woman: (4)
Man: (5) Thank you.
Woman: You're welcome.

ア How long does it take to get there?
イ How can I get to Shibuya station?
ウ I will.
エ Excuse me.
オ We need to take a bus.
カ You should take a taxi.

8 次の英文を読んで後の問いに答えなさい。

Kaori is a high school student. She has a dream of becoming a *nursery school teacher. There are three reasons why Kaori wants to be a nursery school teacher. First, she likes children and to *take care of children. Second, Kaori's mother works (①) a nursery school teacher. She often tells Kaori about her work. So, Kaori became interested (②) a nursery school teacher. Third, she liked a nursery school teacher very much when she was in her nursery school. The teacher was very kind and Kaori liked talking with her. The teacher's name was Yuka-sensei. Meeting Yuka-sensei changed Kaori's life. Kaori wants to be a good nursery school teacher like her.

About 10 years ago, Kaori went to ③<u>the nursery school</u>. Kaori met Yuka-sensei there and Yuka-sensei was her homeroom teacher. One day, a Christmas event was planned to be held at the nursery school. At the event, the children were going to perform a dance on the stage. Kaori practiced dancing hard every day. However, Kaori ④(stand / too / was / nervous / to) in front of everyone and she began to cry. "I don't think that I will be able to dance well. I'm afraid of *making mistakes." Then Yuka-sensei said to Kaori, "Don't worry, Kaori. *Believe in yourself. Believing in yourself is the most important thing. You have practiced dancing hard every day, right? Your dance is very good. Good luck!" The words *encouraged Kaori and she stopped crying. "I'll do my best." Kaori *stepped out onto the stage to perform a dance. (⑤), Kaori was able to dance on the stage well. She was very happy to perform a good dance. "Good job, Kaori! I'm glad to watch your good performance." Yuka-sensei said happily. Both of them smiled at ⑥each other.

Kaori is now studying hard to *realize her dream. She hopes that she will be a kind teacher like Yuka-sensei and encourage children. Yuka-sensei taught Kaori the importance of believing in herself. Now she thinks that believing in herself is one of the keys to realize her dream.

*nursery school teacher 保育園の先生 *take care of～ ～のお世話をする
*making mistakes 間違いをする *believe in～～を信じる *encourage 勇気づける
*step out onto～～に歩み出る *realize 実現する

(1) 文中①に入る適切な語を記号で選びなさい。

ア as イ very ウ before エ easy

(2) 文中②に適切な単語を書き入れなさい。

(3) 文中③に関して，最も適切なものを選択肢から記号で選びなさい。

ア カオリはその保育園で働きたいと考えている。

イ カオリの人生が変わった保育園である。

ウ ユカ先生が小さいころ通った保育園である。

エ カオリの母親がその保育園で働いている。

(4) 文中の④（ ）の語を並びかえて，意味の通る英文にしなさい。

(5) 文中⑤に入る適切な選択肢を記号で選びなさい。

ア At first イ For example ウ As a result エ By the way

(6) 文中⑥の意味を日本語で答えなさい。

(7) 次の質問に対する答えを日本語で答えなさい。

1．カオリが保育園の先生になりたい理由はいくつありますか。

2．カオリはユカ先生から何を教えてもらいましたか。

(8) 次の質問に対する答えを，英語で答えなさい。

1．Is Kaori's mother a nursery school teacher?

2．When did Kaori and Yuka-sensei meet?

9 次のA，Bの問いについて，それぞれ20語以上の英語で答えなさい。ただし，カンマ，ピリオドは含めないものとする。

A：あなたが高校生になったら頑張りたいことは何ですか？

B：初めて来日する外国の人に日本の良さを紹介してください。

三　次の文章を読んで、後の問いに答えなさい。

今は昔、何のころほひの事にかありけむ。清水に参りたりける女の、幼き子を抱きて御堂の前の谷を臨き立ちけるが、いかにしけるやありけむ、児を取り落として谷に落とし入れてけり。遥かに❶振り落とさるるを見て、❷すべきやうもなくて、御堂の方に向きて、手を摺りて、「観音助け給へ」となむ※迷ひける。「今は無き者」と思ひけれども、「有様をも見む」と思ひて、迷ひ下りて見ければ、観音の「※いとほし」と思しめしけるにこそは、つゆ疵もなくて、谷の底の木の葉の多く落ち積もれる上に落ちかかりてなむ臥したりける。母喜びながら抱き取りて、いよいよ観音を泣く泣く礼拝し奉りけり。

❸此を見る人皆、あさましがりてののしりけりとなむ語り伝へたりとや。

（『今昔物語集』より）

※　迷ひける＝心が乱れる。あわてる。

※　いとほし＝かわいそうだ。気の毒だ。

問一　――線❶「振り落とさるる」の主語は、誰ですか。

問二　――線❷「すべきやうもなく」を現代仮名遣いに直しなさい。

問三　――線❸「此を見る人皆、あさましがりてののしりけり」の口語訳として適切なものを次から選び、記号で答えなさい。

ア　これを見た人はみんな、あやしい者だと口々にうわさし合った。

イ　これを見た人はみんな、不思議なことに驚いて大騒ぎになった。

ウ　これを見た人はみんな、とても異常なことだと気味悪がった。

エ　これを見た人はみんな、とてもひどいことだと口々に非難した。

問四　母親は、子どもが助かったのはどうしてだと考えていますか。その理由を答えなさい。

四　次の慣用句の□に入る適切なことばを後の語群から選んで、記号で答えなさい。

①　嵐の□の静けさ。……変事が起ころうとするまでの不気味な緊張のたとえ。

②　□手の手から水がもる。……うまい人でも時には失敗することのたとえ。

③　蚊帳の□。……仲間内と考えてもらえないこと。

④　□車を押す。……道理に合わないことを無理に押し通そうとすること。

⑤　敵に□を見せる。……気おくれして逃げ出すこと。

⑥　□うちわで暮らす。……仕事をしなくても生活上の心配がなく楽に暮らすこと。

⑦　□手に出る。……へりくだった態度をとること。

⑧　横のものを□にもしない。……怠け者で、何もしないことのたとえ。

⑨　□弁慶の空威張り。……親しい人の前では強がっていて、他人の前に出ると意気地のないこと。

⑩　□に出る者はいない。……一番優れていること。

【語群】ア　前　イ　後ろ　ウ　左　エ　右　オ　上
カ　下　キ　縦　ク　横　ケ　内　コ　外

テレビが⑦テイキョウするおもしろさと新しさをむさぼりながら、同時に、ひとびとは「欲しいもの」も次から次へと与えられた。

〈消費社会がテレビを「家電」にしたのか、テレビが「家電」になったから消費社会が⑧カソクしたのか〉

おおっ、なんか、エコノミストみたいなこと書いてないか？

思いつきのフレーズを❸自画自賛してにやついている隙(すき)に、セイコは自分の⑨ヘヤに入ってしまった。肌身離さず持ち歩いているケータイを開きながら、あわてた⑩ヨウスで、ばたばたと。友だちからメールが来て、すぐに返事を打たなければいけないのだろう。

なんだよ、おまえだって「支配」されてるじゃないか……。

❹お返しに笑ってやって、さっきは言いそびれてしまった理屈を、頭に浮かべた。

テレビは確かにヤッカイな「家電」だ。テレビに時間や居場所を「支配」されてしまったせいで失ってしまったものは、たぶんたくさんあるだろう。

だが、逆に言えば、テレビに「支配」されていたからこそ、家族は居間に集まることができたんじゃないか――？

一九七〇年代の終わり頃から「一人で観るもの」になってしまったテレビだが、「家族と一緒に観るもの」という時代があっただけでも幸せなのかもしれない。

❺セイコが夢中になっているケータイやパソコンには、その時代がなかった。

だから……おい、セイコ、お父さんはなにかと心配でしょうがないんだよ……。

（重松　清『娘に語るお父さんの歴史』より）

問一　═══線①～⑩のカタカナは漢字に直し、漢字は読み方を書きなさい。

問二　――線❶「それはそうなのだ、確かに。」に使われている表現方法は何ですか。次から選び、記号で答えなさい。

ア　体言止め　　イ　擬人法　　ウ　比喩　　エ　倒置法

問三　――線❷「そこまで強かった」の「そこまで」とは、どのようなことを指しているのか答えなさい。

問四　――線❸「自画自賛」の意味として適切なものを次から選び、記号で答えなさい。

ア　自分に都合のいいように言ったりしたりすること。

イ　自分で自分をほめること。

ウ　表面だけ立派に見せかけること。

エ　うまいことばを使ってごまかすこと。

問五　――線❹「お返しに笑ってやって」の「お返し」とは、どういうことに対しての「お返し」なのか答えなさい。

問六　――線❺「セイコが夢中になっているケータイやパソコンには、その時代がなかった。」には、どのような気持ちが込められていますか。適切なものを次から選び、記号で答えなさい。

ア　時間や居場所を支配されることがなくなって清々する。

イ　子どもが親から早く離れてしまうようでさびしい。

ウ　自分が子どもの時と違って一人で観ることができるのでうらやましい。

エ　家族が集まって一緒に過ごす団らんの場がなくなって残念だ。

思えば、どんどん忘れてやらなくてはいけない。

そのことが、いまの人間にはよくわかっていない。それで工場の中を倉庫のようにして喜んでいる人があらわれる。❹工場としても、倉庫としてもうまく機能しない頭を育ててしまいかねない。コンピューターには、こういう忘却ができないのである。コンピューターには倉庫に⑩センネンさせ、人間の頭は、知的工場に重点をおくようにするのが、これからの方向でなくてはならない。

（外山滋比古『思考の整理学』より）

問一 ═線①～⑩のカタカナは漢字に直し、漢字は読み方を書きなさい。

問二 ❶に入る語として適切なものを次から選び、記号で答えなさい。

ア 行動力　イ 記憶力　ウ 判断力　エ 観察力

問三 ❷に入る語として適切なものを次から選び、記号で答えなさい。

ア さらに　イ すると　ウ さて　エ ところが

問四 ──線❸「コンピューターのできないこと」とは、どのようなことを指しているのか答えなさい。

問五 ──線④「工場としても、倉庫としてもうまく機能しない頭」とは、どのような頭のことを指しているのか答えなさい。

問六 本文の内容とあっていないものを次から選び、記号で答えなさい。

ア 学校は知識をふやすことを目標とし、それが達成できているかどうか試験で確認する。

イ 頭がいいと言われる人ほど知識を多く蓄えている。

ウ 人間の頭はコンピューターと同じように、知識を次々と詰め込んで保管していくだけでよい。

エ 人間の頭はものを作り出すために、蓄えた知識から必要なものだけを残し整理することが必要である。

二 次の文章を読んで、後の問いに答えなさい。

一九六三年生まれのカズアキが、二〇〇六年の正月に中学三年生の長女から言われた「お父さんって、子どもの頃はどういう時代に生きてたわけ?」の一言をきっかけに、自分が子どもだった頃の歴史をたどっていく。

テレビを観ると時間が①費やされる。あたりまえの話だ。

そして、テレビを観るには、人間のほうがテレビの②放映時間に合わせなければいけない。これも、ビデオが普及する前はあたりまえの話だった。

③街頭から居間にやってきたテレビは、家族の時間をコントロールしていた。一家に一台がせいぜいの頃には、テレビを観るには居間に行くしかない、と家族の居場所もコントロールしていた。もっとキツい言い方をすれば「支配」になるだろうか。

「支配されんなっての」

セイコはあきれ顔で言って、「なんか情けなくない?」と④苦笑した。

❶それはそうなのだ、確かに。

だが、テレビが送り出す「おもしろいもの」「新しいもの」の力は❷そこまで強かった。⑤ウラガエして言えば、あの頃の日本人は、そこまで「おもしろいもの」「新しいもの」に飢えていたのかもしれない。

カズアキはノートにささっと走り書きした。

〈⑥ケイザイの高度成長期は、おもしろさと新しさの高度成長期でもあった〉

【国語】（五〇分）〈満点：一〇〇点〉

一 次の文章を読んで、後の問いに答えなさい。

こどものときから、忘れてはいけない、忘れてはいけない、と教えられ、忘れたと言っては叱られてきた。そのせいもあって、忘れることに恐怖心をいだき続けている。悪いときめつけてしまう。

学校が忘れるな、よく覚えろ、と命じるのは、それなりの理由がある。教室は知識を与える。知識をふやすのを目標にする。せっかく与えたものを片端から、①スてしまっては困る。よく覚えておけ。覚えているかどうか、ときどき試験をして調べる。覚えていなければ減点して②警告する。点はいい方がいいにきまっているから、みんな知らず知らずのうちに、忘れるのをこわがるようになる。

教育程度が高くなればなるほど、そして、頭がいいと言われれば、言われるほど、知識をたくさんもっている。つまり、忘れないでいるものが多い。頭の優秀さは、［❶］の優秀さとしばしば同じ意味をもっている。それで、生き字引というような人間ができる。

ここで、われわれの頭を、どう考えるかが、問題である。

これまでの教育では、人間の頭脳を、倉庫のようなものだと見てきた。知識をどんどん③蓄積する。倉庫は大きければ大きいほどよろしい。中にたくさんのものが詰っていればいるほど結構だとなる。

せっかく蓄積しようとしている一方から、どんどんものがなくなって行ったりしてはことだから、忘れるな、が合言葉になる。ときどき在庫検査をして、なくなっていないかどうかをチェックする。それがテストである。

倉庫としての頭にとっては、忘却は敵である。博識は学問のある④ショウコであった。［❷］、こういう人間頭脳にとっておそるべき敵があらわれた。コンピューターである。これが倉庫としてはすばらしい機能をもっている。いったん入れたものは決して失わない。必要なときには、さっと、引き出すことができる。整理も完全である。

コンピューターの出現、普及にともなって、人間の頭を倉庫として使うことに、疑問がわいてきた。コンピューター人間をこしらえていたのでは、本もののコンピューターにかなうわけがない。

そこでようやく創造的人間ということが問題になってきた。❸コンピューターのできないことをしなくては、というのである。

人間の頭はこれからも、一部は倉庫の役をはたし続けなくてはならないだろうが、それだけではいけない。新しいことを考え出す工場でなくてはならない。倉庫なら、入れたものを⑤フンシツしないようにしておけばいいが、ものを作り出すには、そういう保存保管の能力だけではしかたがない。

だいいち、工場にやたらなものが入っていては作業⑥効率が悪い。よけいなものは⑦ショブンして広々としたスペースをとる必要がある。それかと言って、すべてのものをすててしまっては仕事にならない。整理が大事になる。

倉庫にだって整理は⑧欠かせないが、それはあるものを順序よく並べる整理である。それに対して、工場内の整理は、作業のじゃまになるものをとり⑨除く整理である。

この工場の整理に当ることをするのが、忘却である。人間の頭を倉庫として見れば、危険視される忘却だが、工場として能率をよくしようと

2023年度

解　答　と　解　説

《2023年度の配点は解答欄に掲載してあります。》

＜数学解答＞

1　①　-3　②　49　③　4　④　-6　⑤　$3\sqrt{6}$
2　①　5　②　$x=8$　③　7　④　26ページ　⑤　$(2x+y)(2x-y)$
3　①　∠EAC＝60°　②　AE＝3cm　③　∠CEA＝83°
4　①　2　②　OB＝6　③　6　④　P(0, 3)
5　①　MN＝9cm　②　CL＝6cm　③　$\frac{28}{3}$cm²

○推定配点○
各5点×20　　計100点

＜数学解説＞

基本　1　（数・式の計算，平方根の計算）

①　$3-7+1=3+1-7=4-7=-3$

②　$56\div8\times7=7\times7=49$

③　$\frac{13}{4}\times0.8+1.75\div\frac{5}{4}=\frac{13}{4}\times\frac{8}{10}+\frac{175}{100}\times\frac{4}{5}=\frac{26}{10}+\frac{7}{5}=\frac{26}{10}+\frac{14}{10}=\frac{40}{10}=4$

④　$(-8a-3)-(3-8a)=-8a-3-3+8a=-6$

⑤　$5\sqrt{6}-\sqrt{3}\times\sqrt{8}=5\sqrt{6}-\sqrt{24}=5\sqrt{6}-2\sqrt{6}=3\sqrt{6}$

基本　2　（式の値，1次方程式，数の性質，文章問題，因数分解）

①　$11+2a=11+2\times(-3)=11-6=5$

②　$2(x-9)=6-x$　$2x-18=6-x$　$2x+x=6+18$　$3x=24$　$x=8$

③　$191\times3=573=100\times5+10\times7+1\times3$　よって，□＝7

④　本の全ページ数は，$16\times2+30\times5=32+150=182$　よって，1日に読んだ平均のページ数は，$182\div7=26$(ページ)

⑤　$4x^2-y^2=(2x)^2-y^2=(2x+y)(2x-y)$

3　（平面図形の計量問題－角度，三角形の合同）

基本　①　△ABCは正三角形なので，∠ACB＝60°　AE//BCより，錯角は等しいので，∠EAC＝∠ACB＝60°

②　AC＝AB＝5cm　AE＝AD＝AC－CD＝5－2＝3(cm)

重要　③　∠ABD＝∠ABC－∠DBC＝60°－23°＝37°　∠BDA＝180°－(60°＋37°)＝83°　△ABDと△ACEにおいて，AB＝AC，AD＝AE，∠BAD＝∠CAE＝60°　2組の辺とその間の角がそれぞれ等しいので，△ABD≡△ACE　合同な図形では，対応する角の大きさは等しいので，∠CEA＝∠BDA＝83°

4　（図形と関数・グラフの融合問題）

基本　①　$y=\frac{1}{2}x^2\cdots$(i)　(i)に$x=2$を代入すると，$y=\frac{1}{2}\times2^2=2$　よって，点Aのy座標は2

②　A(2, 2)　(1)の式を$y=-2x+b$として，点Aの座標を代入すると，$2=-2\times2+b$　$b=6$

よって，点Bの座標は(0, 6)だから，OB＝6

③ △OABのOBを底辺としたとき，高さは点Aのx座標の絶対値になるから，2　よって，△OAB＝$\frac{1}{2}$×6×2＝6

重要 ④ △ABPと△APOのそれぞれBP，POを底辺とすると，高さは等しいから，BP＝POのとき面積は等しくなる。よって，点PはOBの中点になるから，6÷2＝3よりP(0, 3)

5 (平面図形の計量問題－線分の比と平行線，中点連結の定理，三角形の合同，面積)

① AM：MB＝DN：NCより，MN//BC　補助線ACをひき，MNとの交点をOとすると，中点連結の定理から，MO＝$\frac{1}{2}$BC＝$\frac{1}{2}$×12＝6，ON＝$\frac{1}{2}$AD＝$\frac{1}{2}$×6＝3　よって，MN＝MO＋ON＝6＋3＝9(cm)

② △NDAと△NCLにおいて，仮定から，ND＝NC，対頂角から，∠AND＝∠LNC，平行線の錯角から，∠NDA＝∠NCL，1組の辺とその両端の角がそれぞれ等しいので，△NDA≡△NCL　合同な図形では，対応する辺の長さは等しいので，CL＝DA＝6cm

重要 ③ BL＝BC＋CL＝12＋6＝18　△ABLの高さを$x$cmとすると，面積から，$\frac{1}{2}\times18\times x=56$　$x=\frac{56}{9}$　△NCLの高さは△ABLの高さの$\frac{1}{2}$になるから，$\frac{1}{2}\times\frac{56}{9}=\frac{28}{9}$　よって，△NCL＝$\frac{1}{2}\times6\times\frac{28}{9}=\frac{28}{3}$(cm^2)

★ワンポイントアドバイス★

3③は，等しい角や線に印をつけることによって，△ABDと△ACEが合同であることに気づこう。

＜英語解答＞

1 (1) エ　(2) ア　(3) イ　(4) ウ　(5) ア

2 (1) wrote　(2) became　(3) seen　(4) build　(5) run

3 (1) before　(2) in　(3) on　(4) to　(5) for

4 (1) イ　(2) イ　(3) ウ　(4) ア　(5) エ

5 (1) 2番目 ②　4番目 ①　(2) 2番目 ④　4番目 ①
(3) 2番目 ③　4番目 ④　(4) 2番目 ①　4番目 ③
(5) 2番目 ⑤　4番目 ③

6 (1) ウ　(2) ウ　(3) ア　(4) イ　(5) エ

7 (1) エ　(2) イ　(3) ア　(4) カ　(5) ウ

8 (1) ア　(2) in　(3) イ　(4) was too nervous to stand　(5) ウ
(6) お互い　(7) 1 3つ　2 自分を信じることの大切さ
(8) 1 Yes, she is.　2 (About) 10 years ago

9 (1) I want to study English hard to be an English teacher, so it is important for me to speak and write English.　(2) I think that many Japanese people are very kind to others. If you are in trouble, they will help you.

○推定配点○

1～8 各2点×45　9 各5点×2　計100点

＜英語解説＞

基本 **1** （単語）

(1) エ 「休暇」，残りはスポーツに関する単語である。

(2) ア 「休日」，残りは曜日に関する単語である。

(3) イ 「机」，残りは体の部位に関する単語である。

(4) ウ 「自転車」，残りは建物に関する単語である。

(5) ア 「夕食」，残りは時に関する単語である。

基本 **2** （単語）

(1) write – wrote – written

(2) become – became – become

(3) see – saw – seen

(4) build – built – built

(5) run – ran – run

重要 **3** （語句補充：前置詞）

(1) <before + 時刻>「～時前に」

(2) <in + 年>「～年に」

(3) on the road「道路にある」

(4) <invite + 人 + to ～>「人を～に招待する」

(5) for the first time「初めて」

重要 **4** （適語選択：関係代名詞，比較，現在完了，不定詞，分詞）

(1) 後に「主語＋動詞」と続いているので，目的格の関係代名詞が適切である。

(2) 後に than があるので，比較級が適切である。

(3) have been to ～「～に行ったことがある」 主語が3人称単数なので has を用いる。

(4) <It is ~ for 人 to …>「…することは人にとって～だ」

(5) made in Japan は前の名詞を修飾する分詞の形容詞的用法である。

重要 **5** （語句整序：不定詞，比較，動名詞，受動態，接続詞）

(1) (Please) let me know her phone number(.) let me know ～「私に～を教えてください」

(2) (This is) the most beautiful park in the city(.) 「最も～」は<the 最上級～>となる。

(3) How about going to the movie (with us tomorrow?) How about ~ing?「～するのはどうですか」

(4) The picture was bought by him(.) 受動態の語順は<be 動詞 + 過去分詞 + by ～>となる。

(5) I'm glad that he likes (the pen .) <be glad that ～ >「～でうれしい」

6 （会話文）

(1) How long で期間を問われた場合には，for を用いて答えればよい。

(2) 「私と一緒に来ませんか」と誘われているので，That's great.「それはいいね」が適切である。

(3) 「どのようにダンスを習ったの」と問われているので，I take lessons once a week.「週に1回レッスンを受けているよ」が適切である。

(4) Here you are.「はいどうぞ」と渡されているので，もう1個消しゴムをもっているか聞いているとわかる。another one(= eraser)「もう1個の消しゴム」

(5) 「彼は好きな先生の1人だ」と答えているので，I think so, too.「私もそう思います」が適切である。

7 (会話文)

(1) Excuse me.「すみません」となり，人を呼び止める場合などに用いる。

(2) この後で道案内をしているので，How can I get to ～?「～へどのように行きますか」が適切。

(3) How long does it take to ～?「～するにはどのくらい時間がかかりますか」

(4) 「3時までに渋谷駅に着かなければならない」と言っているので，「タクシーに乗るべきだ」が適切。

(5) I will.「そうするつもりです」 will のあとに take a taxi が省略されている。

8 (長文読解・説明文：語句補充，語句整序[不定詞]，語句解釈，要旨把握)

(全訳) カオリは高校生だ。保育士になる夢を持っている。カオリが保育士になりたい理由は3つある。まず，彼女は子どもや子どもの世話が好きだ。第二に，カオリの母親は保育士として働いている。彼女はよくカオリに自分の仕事について話す。それでカオリは保育士に興味を持つようになった。第三に，彼女は保育園にいたとき，保育士がとても好きだった。先生はとても親切で，カオリは彼女と話すのが好きだった。先生の名前はユカ先生だ。ユカ先生との出会いがカオリの人生を変えた。カオリは彼女のような良い保育士になりたいと思っている。

10年ほど前，カオリは保育園に通っていた。カオリはそこでユカ先生と出会い，ユカ先生は担任の先生だった。ある日，保育園でクリスマスイベントが予定されていた。イベントでは，子どもたちは舞台でダンスを披露する予定だった。カオリは毎日一生懸命踊る練習をした。しかし，カオリは緊張しすぎてみんなの前に立つことができず，泣き始めた。「上手に踊れるとは思わないよ。間違えることが恐いな」するとユカ先生はカオリに「心配しないで，カオリ。自分を信じて。自分を信じることが一番大事だよ。毎日一生懸命踊りの練習をしてきたよね？あなたのダンスはとても上手だよ。頑張って！」その言葉にカオリは励まされ，彼女は泣き止んだ。「頑張ります」カオリは舞台に出てダンスを披露した。その結果，カオリは舞台上で上手に踊ることができた。彼女は良いダンスを披露してとても幸せだった。「よくやったね，カオリ！あなたの良いパフォーマンスを見てうれしいよ」ユカ先生は嬉しそうに言った。二人とも微笑み合った。

カオリは今，夢を実現するために一生懸命勉強している。ユカ先生のような優しい先生になって，子どもたちを励ましたいと願っている。ユカ先生はカオリに自分を信じることの大切さを教えた。今，彼女は自分を信じることが彼女の夢を実現するための鍵の1つであると考えている。

(1) as ～「～として」

(2) be interested in ～「～に興味がある」

(3) カオリは保育園でユカ先生と出会い人生が変わったのである。

(4) (Kaori) was too nervous to stand (in front of everyone ～ .) <too ～ to…>「～すぎて…できない」

(5) as a result「結果として」

(6) each other「お互い」

(7) 1 第1段落第3文に three reasons とあることから判断できる。 2 最終段落第3文の Yuka-sensei taught Kaori that ～ の文から判断できる。

(8) 1 第1段落第5文参照。カオリのお母さんは保育士として働いている。 2 第2段落第1文参照。カオリとユカ先生は約10年前に出会った。

やや難 **9** (英作文)

A　I want to ~ .「私は~したい」を用いて説明する。不定詞の副詞的用法を使って，頑張りたい目的を書くとわかりやすい英文になる。

B　日本人の親切さや和食，美しい自然などをテーマにして書くとよい。

★ワンポイントアドバイス★

全体的に基本重視の出題である。教科書に出てくる英単語はきちんと身につけよう。また，英作文の出題もあるので，教科書の英文は何度も暗唱して覚えよう。

<国語解答>

一　問一　① 捨(てて)　② けいこく　③ ちくせき　④ 証拠　⑤ 紛失
　⑥ のうりつ　⑦ 処分　⑧ か(かせ)　⑨ のぞ(く)　⑩ 専念
　問二　イ　問三　エ　問四　(例) 新しいことを考え出すこと。
　問五　(例) 知識を次々につめこんでいって，整理が全くできていない頭。　問六　ウ

二　問一　① つい(や)　② ほうえい　③ がいとう　④ くしょう
　⑤ 裏返(して)　⑥ 経済　⑦ ていきょう　⑧ 加速　⑨ 部屋　⑩ 様子
　問二　エ　問三　(例) テレビが人間をコントロール，支配するまで。　問四　イ
　問五　(例) セイコに，テレビに支配されていて情けなくないと笑われたこと。　問六　エ

三　問一　児　問二　すべきようもなく　問三　イ　問四　(例) 観音様にお祈りをしたから。

四　① ア　② オ　③ コ　④ ク　⑤ イ　⑥ ウ　⑦ カ　⑧ キ
　⑨ ケ　⑩ エ

○推定配点○

一　問一　各1点×10　他　各5点×5　二　問一　各1点×10　他　各5点×5

三　各5点×4　四　各1点×10　計100点

<国語解説>

一　(論説文─大意・要旨，文脈把握，接続語の問題，脱文・脱語補充，漢字の読み書き)

問一　①　音読みは「シャ」で，「取捨」などの熟語がある。　②　よくない事態が生じないように告げること。　③　たくさんたくわえること。　④　事実を明らかにするための根拠となるもの。　⑤　物が無くなること。「紛」の訓読みは「まぎ(れる)」。　⑥　一定時間にできる仕事の割合。「率」の他の音読みは「ソツ」。　⑦　不要な物を始末すること。　⑧　音読みは「ケツ」で，「欠如」などの熟語がある。　⑨　他の音読みは「ジ」で，「掃除」などの熟語がある。
⑩　一つのことに集中すること。「専」の訓読みは「もっぱ(ら)」。

基本　問二　直前の文の「忘れないでいるものが多い」に通じる語が入る。

問三　「博識は学問のあるショウコ」という前に対して，後で「こういう人間頭脳にとっておそるべき敵があらわれた」と予想に反する内容を述べているので，逆接の意味を表す語が入る。

問四　直後の段落で「コンピューターのできないこと」ができる「創造的人間」について説明している。「人間の頭は……新しいことを考え出す工場でなくてはならない」という表現をもとにま

とめる。

やや難 問五　筆者は「人間の頭」を「工場」にたとえている。「だいいち」で始まる段落の「工場にやたらなものが入っていては作業能率が悪い」を「人間の頭」に置き換えて考えると，知識を次々につめこんでいっても整理ができないということになる。

重要 問六　「人間の頭は」で始まる段落の「人間の頭は……保存保管の能力だけではしかたがない」とウがあっていない。この段落の内容とエはあっている。「学校が」で始まる段落とア，「教育課程が」で始まる段落とイはあっている。

二　(小説一情景・心情，文脈把握，指示語の問題，漢字の読み書き，熟語，表現技法)

問一　①　音読みは「ヒ」で，「浪費」などの熟語がある。　②　テレビで放送すること。「映」の訓読みは「うつ(す)」「は(える)」。　③　市街地の道路や広場。　④　苦々しく思いながら，しかたなく笑うこと。　⑤　「裏」の音読みは「リ」で，「脳裏」などの熟語がある。　⑥　「経」の他の音読みは「キョウ」。　⑦　相手に差し出すこと。　⑧　速度が速くなること。　⑨　「部」の音読みは「ブ」。　⑩　外から見てわかるありさま。

問二　本来なら「確かに，それはそうなのだ。」となる語順を，逆にして表現している。

やや難 問三　――線❷は，テレビの強さについて述べている。テレビの強さについて，前で「街頭から居間にやってきたテレビは，家族の時間をコントロールしていた……家族の居場所もコントロールしていた。もっとキツい言い方をすれば『支配』になるだろうか」と具体的に述べている。この部分の「コントロール」や「支配」という語を用いてまとめる。

問四　「ジガジサン」と読む。自分で描いた絵に自分で賛を書くことからできた語。

やや難 問五　カズアキがセイコに対して「お返しに笑った」というのであるから，セイコがカズアキに対して「笑った」場面を探す。「街頭から」で始まる段落の「『支配されんなっての』セイコはあきれ顔で言って，『なんか情けなくない？』と苦笑した」に着目し，何に支配されていたのかを補ってまとめる。

重要 問六　「その時代」は，直前の段落の「『家族と一緒に観るもの』という時代」を指示している。直後の文の「心配でしょうがない」という表現からも，「残念だ」とあるエが適切。アとウは，「心配でしょうがない」という心情にあわない。イの心情については，本文から読み取れない。

三　(古文一主題・表題，文と文節，仮名遣い，口語訳)

〈口語訳〉　今は昔，いつごろのことであったのだろうか，清水寺に参詣した女が，幼い子を抱いて本堂の前の谷をのぞいて立っていたところ，どうしたのであったろうか，子を取り落として谷に落としてしまった。はるか(下に子が)振り落とされたのを見て，どうすることもできなくて，(女は)本堂の方に向いて，手をすり合わせて，「観音様助けてください」と(言って)あわてた。(女は)「今となっては(子は)死んでしまったもの」と思ったけれども，(子の)「様子を見よう」と思ってあわてながら下りて見ると，観音様が「かわいそうだ」とお思いになられたことには，(子は)まったく傷もなく，谷の底の木の葉が多く散り積もっている上に落ちて横になっていた。母は喜びながら(子を)抱きかかえて，ますます観音様を泣きながら拝み申し上げたのだった。

これを見た人はみんな，不思議なことに驚いて大騒ぎになったと語り伝えられたとのことだ。

問一　谷に「振り落とさ」れたのは誰か。直前の文に「児を取り落として」とある。

基本 問二　歴史的仮名遣いの「やう」は，現代仮名遣いでは「よう」に直す。

やや難 問三　「あさまし」は意外なことに驚く，「ののしる」は大騒ぎをするという意味から判断する。

重要 問四　子どもを谷に落としてしまった女は，「手を摺りて，『観音助け給へ』」と祈っている。

四　(ことわざ・慣用句)

①　「前」を使った慣用句は，他に「朝飯前」などがある。　②　「上手」は，ここでは「じょう

ず」と読む。 ③ 「蚊帳」は害虫を防ぐために四隅をつって寝床を覆う道具のこと。 ④ 「横車」は横から車を押すこと。 ⑤ 「後ろ」を使った慣用句には，他に「後ろ髪を引かれる」などがある。 ⑥ 「左うちわ」は利き手でない手でゆうゆうとうちわを使うこと。 ⑦ 「下手」は，ここでは「したて」と読む。 ⑧ 「横」の反対語が入る。 ⑨ 「弁慶」は鎌倉時代の武人。 ⑩ 二つを比べてすぐれている方という意味のことばが入る。

★ワンポイントアドバイス★

例年出題されている基本的なことわざや慣用句，四字熟語を正確に覚えておこう。

大切なことはメモしておこうネ！

2022年度

★★★★★★★★★★★★★★★★★★★★★★★★

入　試　問　題

2022年度

愛国学園大学附属龍ケ崎高等学校入試問題

【数　学】（50分）〈満点：100点〉

1　次の①～⑤の計算をしなさい。

①　$-8-4$

②　$56 \div 14 - 6$

③　$7.5 \div \dfrac{4}{3} - 0.75 \times \dfrac{7}{2}$

④　$2ab - ab$

⑤　$\sqrt{32} \times \sqrt{18}$

2　次の①～⑤の問いに答えなさい。

①　$a=-1$のとき，$7+5a$の値を求めなさい。

②　1次方程式$3(x-1)+2=11$を解きなさい。

③　次の□の中に，あてはまる数を入れなさい。

$$6^2+4^2=(6+4)^2-2\times\square$$

④　中学生女子の3日間における食事に必要な摂取カロリーは，一般的に7200キロカロリーである。この場合，1週間における食事に必要な摂取カロリーは，何キロカロリーであるかを求めなさい。

⑤　$x^2+12x-45$を因数分解しなさい。

3　図Ⓐのように，平行四辺形ABCDにおいて，ADの中点をMとする。CMとBAを延長したときの交点をEとする。このとき，次の①～③の問いに答えなさい。
ただし，AB＝4 cm，BC＝5 cm，∠ABC＝60°，∠CAB＝71°とする。

①　MDの長さを求めなさい。

②　∠ADEの大きさを求めなさい。

③　AEの長さを求めなさい。

Ⓐ

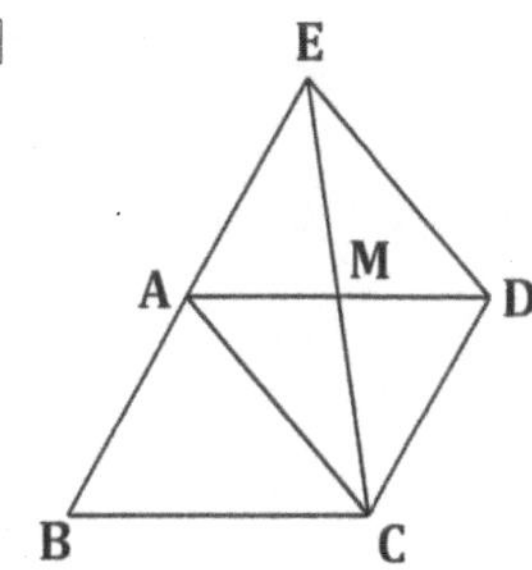

4　図Bのように，関数$y=x^2$のグラフと直線$y=2x+6$と直線$y=2x$がある。点Aは，直線$y=2x+6$と関数$y=x^2$のグラフとの交点の1つであり，点Pは，直線$y=2x+6$とx軸との交点である。

また，直線$y=2x$と関数$y=x^2$のグラフとの交点は，原点Oと点Bである。このとき，次の①～④の問いに答えなさい。

①　点Bの座標を求めなさい。

②　点Pの座標を求めなさい。

③　三角形AOBと三角形POBの面積比を求めなさい。

④　三角形AOBの面積を求めなさい。

B

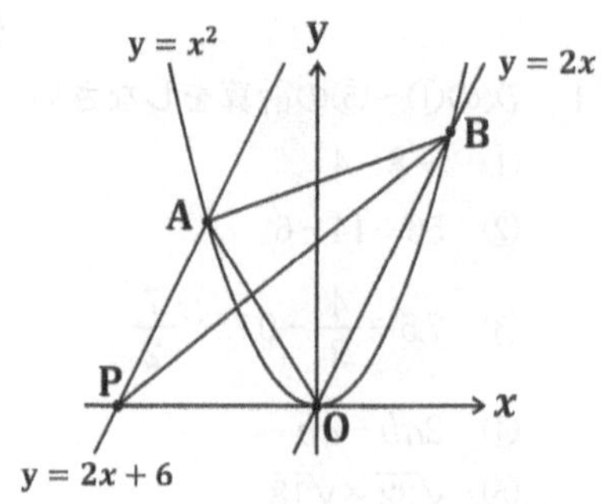

5　図Cのように，底辺をABとする二等辺三角形OABにおいて，BOの延長上にOA＝OCとなる点Cをとる。このとき，次の①～③の問いに答えなさい。

ただし，OA＝3 cm，$\angle$BCA＝30°，AC＝$3\sqrt{3}$ cmとする。

①　$\angle$CABの大きさを求めなさい。

②　$\angle$ABCの大きさを求めなさい。

③　ABの長さを求めなさい。

C

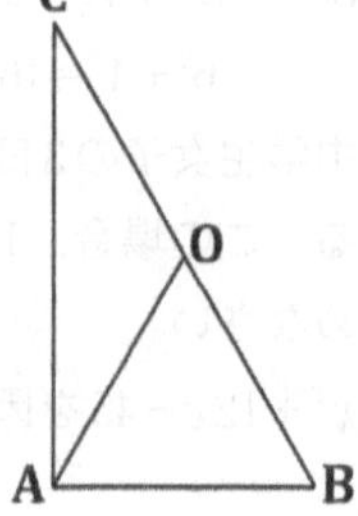

【英　語】（50分）〈満点：100点〉

1　次の単語について，意味の上から他の4語と種類の異なるものをそれぞれア～オの中から1つ選び，その記号を答えなさい。

(1)　ア．table　イ．shelf　ウ．closet　エ．chair　オ．garden

(2)　ア．shoes　イ．nose　ウ．finger　エ．shoulder　オ．tooth

(3)　ア．cousin　イ．aunt　ウ．uncle　エ．character　オ．daughter

(4)　ア．second　イ．minute　ウ．third　エ．twelfth　オ．first

(5)　ア．February　イ．June　ウ．Friday　エ．May　オ．September

2　次の動詞の活用表の空欄を埋めなさい。

現在形	過去形	過去分詞形
break	broke	(1)
swim	(2)	swum
(3)	caught	caught
begin	began	(4)
grow	(5)	grown

3　次の（　　）に入る前置詞として最も適切なものを右の語群からそれぞれ一つ選び，答えなさい。

(1)　She goes to school（　　　）bicycle every day.

(2)　The man standing（　　　）there is Takeo.

(3)　I'm waiting（　　　）her to come back.

(4)　He visited Okinawa（　　　）summer vacation.

(5)　I went to the airport instead（　　　）him.

〈　語　群　〉

for
by
of
during
over

4　日本語の意味に合うように，（　　）に入る最も適切な語をア～エから選び，記号で答えなさい。

(1)　This hotel was（ア．build　イ．builds　ウ．built　エ．building）last year.

(2)　Can I have something cold（ア．drinking　イ．drunk　ウ．drank　エ．to drink）?

(3)　（ア．Don't　イ．Doesn't　ウ．Isn't　エ．Aren't）play the piano in your room at night.

(4)　Which do you like（ア．good　イ．best　ウ．better　エ．nice）, dogs or cats?

(5)　I helped my brother（ア．do　イ．does　ウ．did　エ．done）his math homework.

5　日本語の意味に合うように(　　)内の語句を並べ替え，その中で2番目と4番目にくるものを番号で答えなさい。ただし文頭にくるものも小文字で示してあります。

(1)　彼女は2年間ずっと日本語の勉強をしています。
(①for　②studying　③has　④Japanese　⑤been　⑥she) two years.

(2)　部屋の掃除を終えるのにどれくらい時間がかかりますか。
(①will　②how　③to　④it　⑤take　⑥long) clean your room?

(3)　彼は母の誕生日にケーキを買いました。
He bought (①a cake　②for　③her　④his　⑤mother　⑥birthday).

(4)　このパソコンの使い方を教えてくれませんか。
(①show　②how　③to　④you　⑤me　⑥could) use this computer?

(5)　私が昨日会ったタクシーの運転手さんはとても親切でした。
The taxi driver (①met　②I　③very　④yesterday　⑤kind　⑥was).

6　次の(1)～(5)までの各対話の応答として，(　　)に入る最も適切なものをア～エから選び，記号で答えなさい。

(1)　A：Did anyone call when I was out, Mom?
B：Yes, Yukie did. She wants to (　　　)
A：OK. I'll take it to school tomorrow.
ア．talk about your friends.　イ．call back later.
ウ．come here now.　エ．borrow your new CD.

(2)　A：Let's eat out tonight, Sala.
B：That's good. (　　　)
A：I know a good Chinese restaurant.
ア．Where should we go?　イ．How many people are coming?
ウ．When does it open?　エ．Who will be late?

(3)　A：Why do you go to bed so early? It's only 20:00.
B：I know, but (　　　) Today's practice was very hard.
ア．I want to eat dinner.　イ．I was sleeping all day.
ウ．I'm really tired.　エ．I'm going to play soccer from now.

(4)　A：Oh, no! It's raining. I forgot to bring my umbrella to school today.
B：Don't worry. (　　　) I have two.
ア．You don't need it today.　イ．You can use this one.
ウ．I don't have it, too.　エ．I will borrow yours.

(5)　A：Do you need any help?
B：Yes. I don't like the color of this jacket. (　　　)
A：Sure.
ア．Can I try it on?　イ．Where do I buy it?
ウ．How much is it?　エ．Do you have another color?

7　次のメグ(Meg)とボブ(Bob)の対話で［ (1) ］から［ (5) ］に入るものとして最も適切なものを下のア～カから選び，記号で答えなさい。

B：Meg, are you free next Sunday?

M：Well, I'm going to play tennis with my brother that afternoon. Why?

B：I'm going to see a movie in the morning. ［ (1) ］

M：Oh, I see. ［ (2) ］

B：OK. It's an *action movie. The movie is very popular now.

M：I love action movies. I'd like to see it, too. ［ (3) ］

B：The movie starts at 10:00 and takes about two hours.

M：Let's see. Then, I can go with you, because my brother and I are going to play tennis at 14:00. ［ (4) ］

B：How about at Tsuchiura Station at 9:00?

M：All right! *By the way, are you free after the movie? ［ (5) ］

B：Wow, really? If you are OK, I am happy to join you in the afternoon.

M：Good! My brother will also be happy to play with you.

B：Thank you. I'm *looking forward to next Sunday. See you then.

注　*action：アクション　*by the way：ちなみに　*look (ing) forward to：楽しみにする

ア．Will you tell me about the movie?　　イ．Where and what time should I go?

ウ．Would you like to play tennis together?　　エ．May I ask you a question?

オ．What time does it start?　　カ．Why don't you go with me?

8　次の英文を読んで後の問いに答えなさい。

Emi is a junior high school student (①) lives in Ryugasaki. She has played volleyball since she was seven. But a few weeks ago, Emi *injured her right *arm in a traffic *accident when she was going home after school. She was very sad because she couldn't play volleyball for some months. But *nurses in the hospital were so kind that she felt very happy and respected them. So she still thanks them for their warm support. Now, she wants to be a nurse ②<u>in the future</u>.

One day, Emi told her *parents about her idea, but they didn't agree with her. Her mother said, "I understand your *feelings, but it is not easy to take care of people and work in the hospital. You spend a lot of time playing games every day and don't study so hard. You should change something in your life." Her father's idea was the same. Emi felt angry, but she couldn't say anything. That night she thought about it *for a long time, but she could not find the answer. So she decided to ask her teacher, Mr. Sato, for *advice.

The next day, Emi talked to Mr. Sato about her problem. He said, "I understand your feelings and I also understand how your parents feel about your dream. Of course, ③<u>it</u> is difficult to become a nurse. But you don't have to *give up because you have a lot of time. ④(many, you, things, are, can, there) do from now on. I will always support your dream." "Thank you very much. I will try to find my own answer and *do my best to become a nurse."

Then, Emi became really ⑤<u>different</u> from before. She sometimes did some *volunteer work in her city and studied very hard for a long time at home. Her life changed a lot. One night, her parents said to her, "Emi, we feel very happy because you have found something important for you. We know you are doing your best every day. Now, we will support your dream." Their words made her happy and she was glad to know her parents actually supported her.

注 *injure (d)：を傷つける　*arm：腕　*accident：事故　*nurse (s)：看護師　*parents：両親
*feelings：気持ち　*for a long time：長い間　*advice：助言　*give up：諦める
*do one's best：ベストを尽くす　*volunteer：ボランティア

(1) 文中①に入る適切な語を記号で答えなさい。
　ア．how　イ．which　ウ．what　エ．who

(2) 文中②を日本語に直しなさい。

(3) 文中③が何を指しているのか適切な選択肢を記号で選びなさい。
　ア．両親を説得すること　イ．バレーボールを続けること
　ウ．看護師になること　エ．勉強時間を増やすこと

(4) 文中の④(　　)内の語を並びかえて，意味の通る英文にしなさい。ただし文頭にくるものも小文字で記してある。

(5) 下線部⑤の英語と反対の意味をもつ英語を文中から抜き出して答えなさい。

(6) 本文の内容として，適切ではない選択肢を記号で答えなさい。
　ア．エミは7歳の頃からバレーボールを続けている。
　イ．エミのお父さんは時間があるから頑張れと言ってくれた。
　ウ．エミの両親は最後にはエミの努力を認めてくれた。
　エ．佐藤先生はエミとエミの両親の気持ちをどちらも理解している。

(7) 次の質問に対する答えを日本語で答えなさい。
　1．エミは何をしている最中に交通事故に巻き込まれましたか。
　2．エミは看護師になろうと決意してから，家の中でどのような変化が見られるようになりましたか。

(8) 次の質問に対する答えを英語で答えなさい。
　1．Why did Emi feel sad after the accident?
　2．Did Emi give up her dream?

9 次のA，Bの問いについて，それぞれ20語以上の単語を用いて英文にしなさい。
ただし，カンマ，ピリオドは含めないものとする。
　A：あなたの普段の休日の過ごし方を教えてください。
　B：あなたが今一番行きたい場所とその理由を教えてください。

⑦（　　）芝居 …… あさはかなたくらみ。

⑧（　　）がえり …… すぐに引き返す。

⑨（　　）死に …… 無駄な死。

⑩（　　）つぶし …… かたっぱしから残らず。

【語群】

ア　犬　　イ　きつね　　ウ　うなぎ

エ　とんぼ　　オ　虎　　カ　めじろ

キ　鯉　　ク　猫　　ケ　しらみ

コ　おうむ　　サ　猿　　シ　たぬき

となるように、□に入る漢字を次から選び、記号で答えなさい。

ア　雨　　イ　風　　ウ　嵐　　エ　雲

問六　――線❺「めずらしいこともあるもんだと思った」とありますが、筆者はなぜそのように思ったのですか。『祖母は□□□□□□□□□□から』という答えになるように、本文中から十字で抜き出しなさい。

三　次の文章を読んで、後の問いに答えなさい。

亀山殿の御池(みいけ)に、大井川の水を※まかせられんとて、大井の土民(どみん)に仰(おほ)せて、❶水車(みづぐるま)を造らせられけり。多くの銭(あし)を給(たま)ひて、数日(すじつ)に営(いとな)み出だして、掛けたりけるに、※大方廻(おほかためぐ)らざりければ、とかく直しけれども、終(つひ)に廻(まは)らで、※徒(いたづ)らに立てりけり。さて、※宇治(うぢ)の里人(さとびと)を召(め)して、こしらへさせられければ、※やすらかにゆひて※参らせたりけるが、❷思ふやうに廻(めぐ)りて、水を汲(く)み入るる事、※めでたかりけり。万(よろづ)に❸その道を知れる者は、※やんごとなきものなり。

（兼好法師『徒然草』より）

※まかせられん＝引き入れなさろう。
※大方廻らざりければ＝全く回らなかったので。
※徒らに＝役に立たない。
※宇治＝水車の多いことで有名なところ。
※やすらかにゆひて＝やすやすと組み立てて。
※参らせたりけるが＝差し上げた水車が。
※めでたかりけり＝見事であった。
※やんごとなきものなり＝たいしたものである。

問一　――線❶「水車を造らせられけり」とありますが、水車を造ろうとした理由は何ですか。

問二　――線❷「思ふやうに」を現代仮名遣いに直しなさい。

問三　――部❸「その道を知れる者」とは、この文章では誰を指していますか。本文中より抜き出して答えなさい。

問四　本文の内容とあっているものを次から一つ選び、記号で答えなさい。

ア　専門家に聞いて造っても、時には失敗することがある。

イ　思いつきでものを造ろうと思っても、造った経験がなければ造ることができない。

ウ　専門家は、一般の人ができないことを簡単に行うことができる。

エ　何気ない日用品のようなものでも、それを造る専門の人がいる。

四　それぞれの（　　）に入る適切な生物の名前を語群から記号で選び、慣用句を完成させなさい。

①（　　）舌　……　熱いものが苦手。
②（　　）押し　……　大勢の人がぎっしりと。
③（　　）登り　……　どんどん上がる。
④（　　）返し　……　そのまま繰り返すこと。
⑤（　　）の子　……　大切なもの。
⑥（　　）寝入り　……　寝たふり。

九十歳を超えたあたりから、いわゆる「眠るような死」が増える。

祖母はまさに、眠るような死だった。晩ご飯を食べ、眠りにつき、そのまま③イシキがなくなって、一日も④経たないうちに苦しむふうでもなくあの世へ行った。

祖母危篤（きとく）の報（ほう）を受け、親戚一同が祖母の⑤入居する老人ホームに駆けつけた。祖母は酸素マスクをつけてベッドに横たわっていたが、その枕もとに、半世紀まえに亡くなった祖父の遺影が置いてあった。親戚のだれかが、気を利かせて置いてくれたらしい。

「ちょっと、あの写真……。『あの世からじいさんがお迎えに来ちゃった』感が醸（かも）しだされてるんだけど、いいのかな」

「そういえばそうねえ。おじいちゃんに見守ってもらって、元気づけるつもりだったんだけど、逆効果かしら」

などと、不謹慎（ふきんしん）なささやきが交わされる。祖母の命が❹□前の灯火（ともしび）なのは、素人目にも明らかだったが、悲しみと同時に、「大往生（だいおうじょう）できそうで、祖母にとってはよかったかもしれない」という安堵（あんど）も、室内には漂っていたのである。まわりのひとを無闇に悲しませないという点において、長生きするのはありがたくいいことだ。

祖母は幼いころに関東大震災に遭（あ）ったので、地震を大変怖れていた。だから、東日本大震災のあと、祖母のもとを訪ねたときも、「おばあちゃん、このあいだの地震のとき、怖かったでしょう。大丈夫だった？」

と真っ先に聞いた。

ところが祖母は、

「ちょうどベッドの⑥脇に立って、穿（は）こうと思ったズボンを⑦コシまで引っ張りあげたところだったのよ。⑧トチュウで地震が来ていたら、よろけて危なかったわねえ」

と⑨余裕のお答え。祖母が住むあたりも、それなりに揺れたはずなのだが、❺めずらしいこともあるもんだと思った。

そのときは、「年を取って、揺れを感知する能力が低下しちゃったのかな」と自分を⑩ナットクさせたが、いま思えば、祖母はすでにそのころから悟りの境地というか、「なるようになる」と考えていたのかもしれない。

（三浦　しをん　『お友だちからお願いします』より）

問一　――線①～⑩のカタカナは漢字に直し、漢字は読み方を書きなさい。

問二　［❶］に入る四字熟語として適切なものを次から選び、記号で答えなさい。

ア　自画自賛　　イ　責任転嫁
ウ　以心伝心　　エ　抱腹絶倒

問三　――線❷「この苦境」とは、具体的にどのようなことを指していますか。

問四　――線❸「べろべろ」に使われている表現方法を次から選び、記号で答えなさい。

ア　擬声語　　イ　擬人法
ウ　擬態語　　エ　倒置法

問五　――線❹「□前の灯火」の意味は、『今にも生命などが失われようとしている状態のこと』です。その意味

ア　そして　　イ　すると
ウ　しかし　　エ　ところで

問三　――線❷「その母親は、子どもを『自立』させることが大切だと思い、できる限り自分から離すようにして子どもを育てた」には、どのような考えが表れていますか。『□□□□□□□□□□□考え』という答えになるように、本文中から二十六字で抜き出しなさい。

問四　――線❸「今までの分を取り返すほどに甘えてきて」から分かったことはどのようなことですか。

問五　[❹]に入る語として適切なものを次から選び、記号で答えなさい。

ア　勝手　　イ　孤立
ウ　共存　　エ　薄情

問六　本文の内容とあっているものを次から一つ選び、記号で答えなさい。

ア　子どもを甘やかさずに厳しく育てていくと自立が早くなる。
イ　子どもは親が子離れせず目いっぱい甘やかすことで自立できる。
ウ　子どもは親が依存を許してしまうことで自立できなくなる。
エ　子どもは必要な依存を受けいれ味わうことで自立できる。

二　次の文章を読んで、後の問いに答えなさい。

祖母に長生きしてもらおうと、私は結婚を控えてきたのであるが、齢九十を超える祖母は、先日亡くなった。

さすがに百三十歳までは生きられなかったか……。実際のところ、結婚を控えたのではなく、単に結婚できないだけなわけで、その事実が祖母の長生きの障りになったのではないかという気もする。まあ、孫どころかひ孫までたくさんいるので、私の未婚ぐらいは大目に見てもらおう。

①セイカクに言うと、孫のなかで未婚なのは、私だけではない。私の弟もそうだ。父方、母方を問わず、大勢いるいとこのなかで、弟と私だけが未婚なのである。こうなると、結婚できないのは私（や弟）のせいではなく、両親の教育方針とか容貌とかに問題があったのではないかと思われてくる。と[❶]して、❷この苦境を乗り切る所存だ。

亡くなった祖母とは、数年まえに二週間ほど一緒に暮らしたことがあり、思い出がさまざまによぎる。本来なら祖母のお世話をしなければいけない私が❸べろべろに酔っ払い、祖母に②介抱されたことや、肌のお手入れと化粧の着脱に朝晩二時間ずつかける祖母から、「あなたはいくらなんでも身なりに無頓着すぎる」と苦言を呈されたことや……。ろくな思い出がないな、おい。

山田風太郎の『人間臨終図鑑』（徳間文庫）は、膨大な数の人々の死に際の様子が、亡くなった年齢順に並べてある本だ。これを読むと、ある傾向が見えてくる。比較的若い年齢の場合、とても苦しんで死ぬひとが多いのだが（苦しむだけの体力が残っているためだろう）、

【国語】（五〇分）〈満点：一〇〇点〉

一　次の文章を読んで、後の問いに答えなさい。

「自立」ということは、人々の心を惹（ひ）きつける標語として、長い間その地位を①タモち続けているようである。時代によって、そのような標語は変化するもので、かつては「滅私奉公（めっしほうこう）※」などというのが幅をきかせていたが、今は②ヒョウバンがよくない。「自立」は、その③魅力をなかなか失わずにいるようである。［❶］、どのような有難い標語でも、それが人気と共に一人歩きをはじめると、④不都合なことも⑤生じてくると思われる。

いつぞや、こんなことがあった。幼稚園の子どもで言葉がよく話せないということで、母親がその子を連れて相談に来られた。知能が別に⑥オトっているわけでもないのに、言葉が⑦極端におくれている。よく話を聞いてみると、❷その母親は、子どもを「自立」させることが大切だと思い、できる限り自分から離すようにして子どもを育てたとのことである。夜寝るときもできるだけ添寝をしないようにして、一人で寝かせるようにすると、はじめのうちは泣いていたが、だんだん泣かなくなり、一人でさっと寝にゆくようになったので、親戚（しんせき）の人たちからも感心されていた、というのである。

このようなとき、その子の「自立」は見せかけだけのものである。親の強さに押されて、辛抱して一人で行動しているだけで、それは本来的な自立ではなく、そのために言葉の障害などが生じてきている。このときは、そのことをよく説明して、母親が子どもの接近を許すと、❸今までの分を取り返すほどに甘えてきて、それを経過するなかで、言葉も急激に⑧シンポして、普通の子たちに追いついてきたのである。

自立ということを依存と反対である、と単純に考え、依存をなくしてゆくことによって自立を達成しようとするのは、間違ったやり方である。自立は十分な依存の裏打ちがあってこそ、そこから生まれでてくるものである。子どもを甘やかすと、自立しなくなる、と思う人がある。確かに、子どもを甘やかすうちに、親の方がそこから離れられないと、子どもの自立を⑨妨げることになる。このようなときは、実は親の自立ができていないので、甘えること、甘やかすことに対する免疫（めんえき）が十分にできていないのである。親が自立的であり、子どもに依存を許すと、子どもはそれを十分に味わった後は、⑩カッテに自立してくれるのである。

自立と言っても、それは依存のないことを意味しない。そもそも人間は誰かに依存せずに生きてゆくことなどできないのだ。自立ということは、依存を排除することではなく、必要な依存を受けいれ、自分がどれほど依存しているかを自覚し、感謝していることではなかろうか。依存を排して自立を急ぐ人は、自立ではなく［❹］になってしまう。

（河合隼雄『こころの処方箋』より）

※　滅私奉公＝私心を捨てておおやけにつくすこと。

問一　線①～⑩のカタカナは漢字に直し、漢字は読み方を書きなさい。

問二　［❶］に入る語として適切なものを次から選び、記号で答えなさい。

MEMO

大切なことはメモしておこうネ！

2022年度

解　答　と　解　説

《2022年度の配点は解答欄に掲載してあります。》

＜数学解答＞

1　①　-12　②　-2　③　3　④　ab　⑤　24
2　①　2　②　$x=4$　③　24　④　16800　⑤　$(x-3)(x+15)$
3　①　$MD=\frac{5}{2}$cm　②　$\angle ADE=49°$　③　AE＝4cm
4　①　B(2, 4)　②　P(−3, 0)　③　△AOB：△POB＝1：1　④　6
5　①　$\angle CAB=90°$　②　$\angle ABC=60°$　③　AB＝3cm

○推定配点○
各5点×20　　計100点

＜数学解説＞

基本　1　(数・式の計算，平方根の計算)

①　$-8-4=-(8+4)=-12$

②　$56\div14-6=4-6=-(6-4)=-2$

③　$7.5\div\frac{4}{3}-0.75\times\frac{7}{2}=\frac{75}{10}\times\frac{3}{4}-\frac{75}{100}\times\frac{7}{2}=\frac{45}{8}-\frac{21}{8}=\frac{24}{8}=3$

④　$2ab-ab=(2-1)ab=ab$

⑤　$\sqrt{32}\times\sqrt{18}=4\sqrt{2}\times3\sqrt{2}=4\times3\times2=24$

基本　2　(式の値，1次方程式，乗法の公式，文章問題，因数分解)

①　$7+5a=7+5\times(-1)=7-5=2$

②　$3(x-1)+2=11$　$3x-3+2=11$　$3x=12$　$x=4$

③　$(a+b)^2=a^2+2ab+b^2$から，$a^2+b^2=(a+b)^2-2ab$
$a=6$，$b=4$のとき，$6^2+4^2=(6+4)^2-2\times6\times4=(6+4)^2-2\times24$　よって，□＝24

④　$7200\div3\times7=16800$(キロカロリー)

⑤　$x^2+12x-45=x^2+(-3+15)x+(-3)\times15=(x-3)(x+15)$

3　(平面図形の計量問題－平行四辺形の性質，三角形の合同，角度)

基本　①　AD＝BC＝5cm　点MはADの中点だから，$MD=\frac{AD}{2}=\frac{5}{2}$(cm)

重要　②　$\angle DAC=\angle DAB-\angle CAB=(180°-60°)-71°=49°$　EA//DC…(i)
△AMEと△DMCにおいて，仮定から，AM＝DM　対頂角から，∠AME＝∠DMC
平行線の錯角から，∠EAM＝∠CDM　よって，1辺とその両端の角がそれぞれ等しいことから，
△AME≡△DMC　合同な三角形の対応する辺の長さは等しいことから，AE＝DC…(ii)
(i)と(ii)から，一組の向かい合う辺が平行でその長さが等しいことから，四角形ACDEは平行四辺形である。よって，ED//AC　錯角から∠ADE＝∠DAC＝49°

③　AE＝DC＝AB＝4cm

4 （図形と関数・グラフの融合問題）

①　$y=x^2$…(i)　$y=2x$…(ii)　(i)と(ii)からyを消去して，$x^2=2x$　$x^2-2x=0$
$x(x-2)=0$　$x=0$，2　$x=2$を(ii)に代入して，$y=2\times2=4$　よって，B(2，4)

②　$y=2x+6$…(iii)　(iii)に$y=0$を代入して，$0=2x+6$　$2x=-6$　$x=-3$
よって，P(−3，0)

重要 ③　(ii)と(iii)は傾きが等しいので，AP//BO　△AOBのOBを底辺とすると高さが等しくなることから，△AOB＝△POB　よって，△AOB：△POB＝△POB：△POB＝1：1

重要 ④　$\triangle AOB=\triangle POB=\frac{1}{2}\times3\times4=6$

5 （平面図形の計量問題－角度，円の性質）

①　△OABは二等辺三角形だから，OA＝OB…(i)　仮定から，OA＝OC…(ii)
(i)と(ii)から，OA＝OB＝OC　よって，点A，B，Cは点Oを中心とする半径OAの円の円周上にある。BCは円Oの直径だから，∠CAB＝90°

②　△ABCの内角の和は180°から，∠ABC＝180°－30°－90°＝60°

③　(ii)より∠OAC＝30°　よって∠OAB＝60°　△OABの内角の和は180°から∠AOB＝60°
したがって△OABは正三角形となる。ゆえにAB＝3(cm)

★ワンポイントアドバイス★

5は，問題文を読みながら，等しい辺に印をつけていくことによって，△ABCが点Oを中心とする円に内接すると気づくことがポイントである。

＜英語解答＞

1 (1) オ　(2) ア　(3) エ　(4) イ　(5) ウ

2 (1) broken　(2) swam　(3) catch　(4) begun　(5) grew

3 (1) by　(2) over　(3) for　(4) during　(5) of

4 (1) ウ　(2) エ　(3) ア　(4) ウ　(5) ア

5 (1) 2番目 ③　4番目 ②　(2) 2番目 ⑥　4番目 ④　(3) 2番目 ⑤　4番目 ②
(4) 2番目 ④　4番目 ⑤　(5) 2番目 ①　4番目 ⑥

6 (1) エ　(2) ア　(3) ウ　(4) イ　(5) エ

7 (1) カ　(2) ア　(3) オ　(4) イ　(5) ウ

8 (1) エ　(2) 将来　(3) ウ　(4) There are many things you can
(5) same　(6) イ　(7) 1 (放課後の)帰宅途中　2 一生懸命勉強するようになった
(8) 1 Because she couldn't play volleyball (for some months.)　2 No, she didn't.

9 A　I usually play soccer with my friends on holidays. It is interesting for me to play soccer. I sometimes go to watch soccer games, too.
B　I want to go to Kyoto because I like to see temples. I have never been there. So, I am going to go there after graduation.

○推定配点○

1～8 各2点×45　9 各5点×2　計100点

＜英語解説＞

基本 1 （単語）

(1) オ「庭」，それ以外はア「テーブル」，イ「棚」，ウ「押し入れ」，エ「イス」と家具である。
(2) ア「靴」，それ以外はイ「鼻」，ウ「指」，エ「肩」，オ「歯」と体の一部である。
(3) エ「性格」，それ以外はア「いとこ」，イ「おば」，ウ「おじ」，オ「娘」と家族関係である。
(4) イ「分」，それ以外はア「2番目」，ウ「3番目」，エ「12番目」，オ「1番目」と序数である。
(5) ウ「金曜日」，それ以外はア「2月」，イ「6月」，エ「5月」，オ「9月」と月の名前である。

基本 2 （単語）

(1) break – broke – broken
(2) swim – swam – swum
(3) catch – caught – caught
(4) begin – began – begun
(5) grow – grew – grown

重要 3 （語句補充：前置詞）

(1) <by＋乗り物>「～で」
(2) over there「向こうに」
(3) wait for ~「～を待つ」
(4) <during＋期間>「～の間」
(5) instead of ~「～のかわりに」

重要 4 （語句選択：受動態，不定詞，命令文，比較）

(1) <be 動詞＋過去分詞>で受動態の文になる。
(2) <something＋to＋動詞>「何か～するもの」
(3) <Don't＋動詞の原形>「～してはいけない」
(4) 2つを比較した場合には，比較級を用いる。
(5) <help＋人＋原形>「人が～するのを助ける」

5 （語句整序：現在完了，不定詞，文型，助動詞，関係代名詞）

重要 (1) She has been studying Japanese for (two years.) has been ~ing で現在完了進行形になる。
(2) How long will it take to (clean your room ?) How long will it take to ~ ?「～するのにどのくらい時間がかかりますか」
(3) (He bought) his mother a cake for her birthday(.) <buy＋人＋物>「人に物を買う」
(4) Could you show me how to (use this computer ?) how to ~「～する方法，し方」
(5) (The taxi driver) I met yesterday was very kind(.) I met yesterday は前の名詞を修飾する接触節である。

6 （会話文）

(1) 「明日学校にもっていく」と言っているから，「CDを借りたい」と言っていたと判断できる。
(2) 「おいしい中華料理屋を知っている」と言っているので，どこに行くかを尋ねている。
(3) 「今日の練習はとても大変だった」ので，「疲れている」ことがわかる。
(4) この後で「傘を2本持っている」とあることから判断できる。
(5) ジャケットの色が気に入らないので，他の色を求めていることがわかる。

7 （会話文）

(1) Why don't you ~ ?「～するのはどうですか」

(2) アクション映画だと答えているので，映画について尋ねていることがわかる。
(3) 「映画は10時から始まる」と答えているので，始まる時刻を尋ねているとわかる。
(4) 「土浦駅に9時はどうですか」と答えているので，何時にどこで待ち合わせるかを尋ねている。
(5) 「午後に君たちに参加できるとうれしいよ」と言っているので，テニスに誘っているとわかる。

重要 8 **(長文読解・説明文：語句補充，語句解釈，指示語，語句整序[関係代名詞]，単語，要旨把握，内容吟味，英問英答)**

(全訳) エミは龍ヶ崎に住んでいる中学生だ。彼女は7歳の頃からバレーボールをしている。しかし，数週間前，エミは放課後に帰宅中に交通事故で右腕を負傷した。彼女は数ヶ月間バレーボールをプレーできなかったので，とても悲しかった。しかし，病院の看護師はとても親切だったので，彼女はとても幸せに感じ，そして彼女らを尊敬した。だから彼女はまだ温かいサポートに感謝している。今，彼女は将来看護師になりたいと思っている。

ある日，エミは彼女の両親に考えについて話したが，彼らは彼女に同意しなかった。彼女の母親は「私はあなたの気持ちはわかるけれど，人々の世話をし，病院で働くことは簡単ではないよ。あなたは毎日ゲームをするのにたくさんの時間を費やし，それほど勉強しないじゃない。あなたは自分の生活で何かを変えるべきよ」と言った。彼女の父親の考えも同じだった。エミは怒りを感じたが，何も言えなかった。その夜，彼女は長い間考えたが，答えを見つけることができなかった。そこで彼女は佐藤先生に助言を求めることにした。

翌日，エミは佐藤先生に自分の問題について話した。「私はあなたの気持ちを理解し，あなたの両親があなたの夢についてどのように感じているかも理解しています。もちろん，看護師になるのは難しいです。しかし，あなたは多くの時間があるので，あなたはあきらめる必要はありません。これからできることはたくさんあります 。私はいつもあなたの夢を応援します」「どうもありがとうございました。自分なりの答えを見つけ，看護師になれるように頑張ります」

すると，エミは以前とは本当に変わった。彼女は時々彼女の街でいくつかのボランティア活動を行い，家で長い間非常に懸命に勉強した。彼女の人生は大きく変わった。ある晩，彼女の両親は彼女に「エミ，あなたが重要な何かを見つけたので，私たちはとても幸せに感じるよ。私たちはあなたが毎日最善を尽くしていることを知っています。今では，私たちはあなたの夢を支えています」と言った。彼らの言葉に彼女は幸せになり，両親が実は，彼女を支えてくれたことを知ってうれしかった。

(1) 先行詞が人で，空欄の後に動詞があるので，主格の関係代名詞 who が適切である。
(2) in the future「将来」
(3) 形式主語の it なので，to become a nurse を指している。
(4) you can do from now on は many things を修飾する接触節である。
(5) different「違う，異なった」⇔ same「同じ」
(6) 「時間があるから頑張れ」と言ったのはエミのお父さんではなく，佐藤先生である。
(7) 1 第1段落第3文参照。エミは「帰宅途中」に交通事故にあった。 2 第4段落第2文参照。エミは街でボランティア活動をしたり，家では長い間懸命に勉強するようになった。
(8) 1 「エミは事故の後なぜ悲しく感じたか」 第1段落第4文参照。長い間バレーボールをすることができなかったからである。 2「エミは夢をあきらめたか」 第4段落参照。エミは夢をあきらめていないので，一生懸命勉強するようになったのである。

やや難 9 **(英作文)**

A 普段の休日の過ごし方なので，<I usually + 一般動詞～ + on holidays.>という英文で始めればよい。　B　行きたい場所とその理由なので，<I want to go + 行きたい場所 + because ～>という英文にすればよい。

★ワンポイントアドバイス★

全体的に平易な問題なので，教科書に載っている英単語や文法事項をきちんとおさえておこう。基本構文については暗唱できるようにしておきたい。

＜国語解答＞

一　問一　①　保(ち)　②　評判　③　みりょく　④　ふつごう　⑤　しょう(じて)
⑥　劣(って)　⑦　きょくたん　⑧　進歩　⑨　さまた(げる)　⑩　勝手
問二　ウ　問三　依存をなくしてゆくことによって自立を達成しようとする(考え)
問四　(例)　その子の「自立」は見せかけだけのもの，親の強さに押されて，辛抱して一人で行動していただけだということ。　問五　イ　問六　エ

二　問一　①　正確　②　かいほう　③　意識　④　た(たない)　⑤　にゅうきょ
⑥　わき　⑦　腰　⑧　途中　⑨　よゆう　⑩　納得
問二　イ　問三　(例)　私と弟だけが結婚できないでいるということ　問四　ウ
問五　イ　問六　(祖母は)地震を大変怖れていた(から)

三　問一　(例)　亀山殿の御池に大井川の水を引き入れるため　問二　思うように
問三　宇治の里人　問四　ウ

四　①　ク　②　カ　③　ウ　④　コ　⑤　オ　⑥　シ　⑦　サ　⑧　エ
⑨　ア　⑩　ケ

○推定配点○
一　問一　各1点×10　他　各5点×5　二　問一　各1点×10　他　各5点×5
三　各5点×4　四　各1点×10　計100点

＜国語解説＞

一　(論説文一大意・要旨，文脈把握，接続語の問題，脱文・脱語補充，漢字の読み書き)

問一　①　音読みは「ホ」で，「保存」「確保」などの熟語がある。　②　世間での良し悪しの評価。③　人の心をひきつけて夢中にさせる力。　④　都合の悪いこと。「都」の他の音読みは「ト」。⑤　「生じる」は，新しく何かが起こること。「生」の他の音読みは「セイ」。　⑥　音読みは「レツ」で，「優劣」「卑劣」などの熟語がある。　⑦　普通の程度から大きく外れていること。「極」の他の音読みは「ゴク」。　⑧　物事が望ましい方向へ進んでいくこと。　⑨　音読みは「ボウ」で，「妨害」などの熟語がある。　⑩　他人の考えに関わりなく，自分のしたいようにすること。

問二　「『自立』は，その魅力をなかなか失わずにいるようである」という前に対して，後で「どのような有難い標語でも……不都合なことも生じてくると思われる」と相反する内容を述べているので，逆接の意味を表す語が入る。

問三　――線❷の「その母親」は，子どもの言葉のおくれを心配して相談に来た母親を指している。「その母親」の，子どもを「『自立』させる」ために「できる限り自分から離すように」する育児法は，どのような考え方によるのかを考える。一つ後の段落で「自立ということを依存と反

対である，と単純に考え，依存をなくしてゆくことによって自立を達成しようとするのは，間違ったやり方である」と筆者の考えを述べており，ここから「間違ったやり方」に相当する部分を抜き出す。

やや難 問四 ――線❸「今までの分を取り返すほどに甘えてき」たのは，母親から「自立」のために一人で寝かされていた子どもである。その「子ども」について筆者の考えを述べている部分を探すと，同じ段落で「その子の『自立』は見せかけだけのものである。親の強さに押されて，辛抱して一人で行動しているだけ」と説明している。この説明が，「今までの分を取り返すほどに甘えてきて」から分かったことにあたる。「どのようなことか。」と問われているので，「～こと。」の形でまとめる。

問五 同じ文の「依存を排して自立を急ぐ人」は，どのような状況になるのかを考える。誰にも頼らず一人でしようとする人という意味にふさわしい語が入る。前の「自立」に対する語であることもヒントになる。アは自分に都合のよいようにふるまう，ウは他のものと同じ環境で同時に存在する，エは思いやりの気持ちがない，という意味。

重要 問六 「自立ということを」で始まる段落の「親が自立的であり，子どもに依存を許すと，子どもはそれを十分に味わった後は，カッテに自立してくれるのである」とあっているものはエ。この筆者の考えに，アとウはあわない。「自立ということを」で始まる段落「子どもを甘やかすうちに，親の方がそこから離れられないと，子どもの自立を妨げることになる」に，イもあわない。

二 （随筆一文脈把握，指示語の問題，漢字の読み書き，熟語，ことわざ・慣用句，表現技法）

問一 ① 正しく確かなこと。 ② 助けてめんどうを見ること。「介」を使った熟語は，他に「紹介」「介入」などがある。 ③ 自分や周囲の状況などをとらえる心の働き。 ④ 他の訓読み「へ(る)」。 ⑤ 入ってそこに住むこと。「居」の訓読みは「い(る)」。 ⑥ ここでは，すぐそば，という意味。他に，両腕の付け根の下部分という意味もある。 ⑦ 音読みは「ヨウ」で，「腰痛」などの熟語がある。 ⑧ 物事を始めてから終わるまでの間。 ⑨ ゆったりと落ち着いていること。 ⑩ 考えや行動をもっともだと認めること。「納」の他の音読みは「ノウ」「ナ」「ナン」「トウ」で，「納品」「納屋」「納戸」「出納」の熟語がある。

基本 問二 直前の文の「結婚できないのは私(や弟)のせいではなく，両親の教育方針とか容貌とかに問題があったのではないか」は，自分の責任を他人になすりつけるもので，この意味を表す四字熟語が入る。アは「ジガジサン」，イは「セキニンテンカ」，ウは「イシンデンシン」，エは「ホウフクゼットウ」と読む。

やや難 問三 「苦境」は，苦しい境遇のこと。筆者にとっての「苦境」とは，同じ段落の「父方，母方を問わず，大勢いるいとこのなかで，弟と私だけが未婚なのである」ことを指している。この内容を簡潔に述べて，「～こと。」と結んでまとめる。

問四 「べろべろ」は，ひどく酒に酔っている様子を表す。物事の様子をそれらしい音声にたとえて表現しているので，ウの「擬態語」が使われている。アは物音や動物の声を言語音で表し，「擬音語」とも言う。イは人間以外のものを人間に見立てる，エは語順を入れ替える表現技法。

問五 「フウゼン(の)ともしび」と読む。「灯火」は，明かりにするためにともした火のこと。

問六 筆者が「めずらしいこともあるもんだ」と思ったのは，地震のときに祖母が「ちょうどベッドの脇に立って……トチュウで地震が来ていたら，よろけて危なかったわねえ」と「余裕」で答えたのを聞いたことによる。祖母の地震に対する思いを述べている部分を探すと，「祖母は幼いころに」で始まる段落に「祖母は幼いころに関東大震災に遭ったので，地震を大変怖れていた」とある。ここから，筆者が地震をあまり怖がっていない様子の祖母に対して「めずらしい」と感じた理由となる部分を抜き出す。

三 (古文—大意・要旨，文脈把握，仮名遣い)

〈口語訳〉 亀山殿の御池に，大井川の水を引き入れなさろうとして，大井の土地の者にお言いつけになって，水車をお造らせになった。(上皇は)たくさんのお金を下さって，数日かかって造りあげて，掛けたところが，(水車は)一向に回らなかったので，あれこれ直したけれども，結局(水車は)回らず，何の役にも立たず，立っていた。そこで，(上皇は，水車で有名な)宇治の里の者をお呼びになって，お造らせになったところ，やすやすと組み立てて差し上げた水車が，思い通りに回って，水をくみ入れる様子は，見事であった。

何事につけてもその(専門の)道を心得ている者は，たいしたものである。

問一 同じ文の「亀山殿の御池に，大井川の水をまかせられんとて」が，水車を造ろうとした理由にあたる。後の注釈にある「まかせられん」の意味を用いてまとめる。

基本 問二 語頭以外のハ行は現代仮名遣いではワ行に直すので，「思ふ」は「思う」となる。「やう」は，現代仮名遣いでは「よう」に直す。

重要 問三 筆者が「やんごとなきものなり」と，賞賛しているのは誰か。「大井の土民」の造った水車が回らなかったので，「宇治の里人」を呼び寄せて造らせたところ，見事に回って水を汲むことができたという内容から判断する。

重要 問四 本文の最終文「万にその道を知れる者は，やんごとなきものなり。」と，ウがあっている。専門家である「宇治の里人」の造った水車は回ったので，アはあわない。イは本文の内容には見られない。本文の最終文と，エはあわない。

四 (ことわざ・慣用句)

① 「猫」を使った慣用句は，他に「猫に小判」「猫の首に鈴を付ける」などがある。 ② 枝に止まるときに仲間と押し合うように並ぶ生物が入る。 ③ くねくねと水中をさかのぼる生物が入る。 ④ 人間の言うことをまねてそのまま言い返すことができる生物が入る。 ⑤ 「虎」を使った慣用句には，他に「虎の威を借る狐」「虎の尾を踏む」などがある。 ⑥ 眠ったふりをして人をだますと言われる生物が入る。 ⑦ 「猿」を使った慣用句には，他に「猿も木から落ちる」などがある。 ⑧ 飛びながら軽く身を返して後ろへ戻ることができる生物が入る。 ⑨ ここでの「犬」は，むだで役に立たないという意味を表す。 ⑩ たくさんのしらみを一匹一匹つぶしていく様子からできた慣用句。

★ワンポイントアドバイス★

記述式の問題では，抜き出しではなくとも，本文の表現を活かしてまとめることを意識しよう。

大切なことはメモしておこうネ！

2021年度

★★★★★★★★★★★★★★★★★★★★★★★

入　試　問　題

2021年度
愛国学園大学附属龍ケ崎高等学校入試問題

【数　学】（50分）〈満点：100点〉

1　次の①～⑤の計算をしなさい。

① $-5+9$

② $(27-18)\div 9$

③ $2.5\times\frac{3}{5}+1.4\div\frac{2}{5}$

④ $3\sqrt{6}-\sqrt{6}-5\sqrt{6}$

⑤ $2xy\div 6x^2y\times 24xy^2$

2　次の①～⑤の問いに答えなさい。

① $a=4$のとき，$-a^2+8$の値を求めなさい。

② 1次方程式$4x+2=-10$を解きなさい。

③ 次の□の中に，あてはまる数を入れなさい。

$17^2-13^2=30\times\square$

④ 男子7人，女子5人が10点満点のテストを行いました。男子の平均点が7.0点，女子の平均点が8.2点であるとき，全体の平均点を求めなさい。

⑤ $x^2-6x-40$を因数分解しなさい。

3　図Ａのように，台形ABCDにおいて，AD//BCである。BC上に点Fがあり，ACとDFの交点をEとするとき，AD＝DEである。このとき，次の①～③の問いに答えなさい。
ただし，AD＝2 cm，BC＝5 cm，FC＝1 cm，∠DFB＝90°，∠BAC＝79°とする。

① DFの長さを求めなさい。

② △EDAと△EFCの面積の比を求めなさい。

③ ∠ABCの大きさを求めなさい。

Ａ

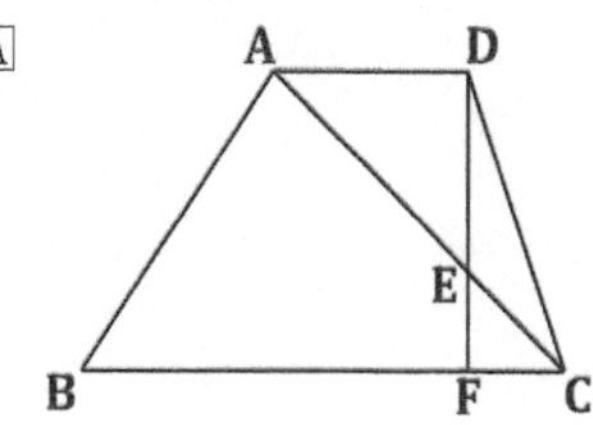

4　図Ⓑのように，関数$y=x^2$のグラフ上に3点A，B，Cがあり，y軸上には，点Dがある。ABが，x軸に平行であるとき，四角形ABCDは平行四辺形になる。このとき，次の①～④の問いに答えなさい。ただし，点Aのx座標は-1である。

① 点Bの座標を求めなさい。

② ABの長さを求めなさい。

③ 点Cの座標を求めなさい。

④ 平行四辺形ABCDの面積を求めなさい。

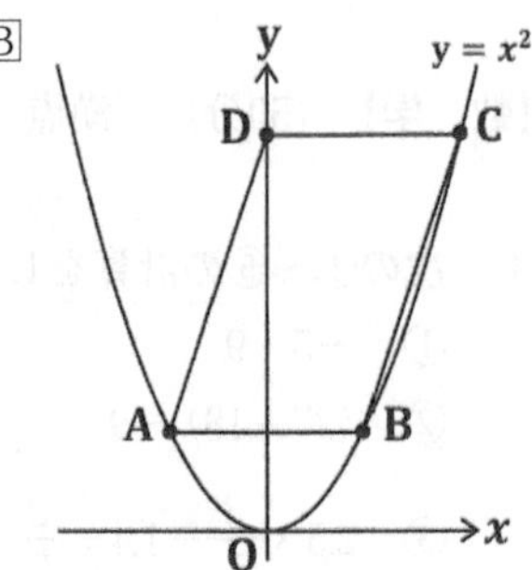

5　図Ⓒのように，△ABCにおいて，ABの中点をDとする。点Dを通りBCに平行な直線を引き，ACとの交点をEとする。このとき，次の①～③の問いに答えなさい。ただし，∠A＝70°，∠B＝58°，BC＝5 cm，AC＝4 cmとする。

① ∠DEAの大きさを求めなさい。

② DEの長さを求めなさい。

③ AEの長さを求めなさい。

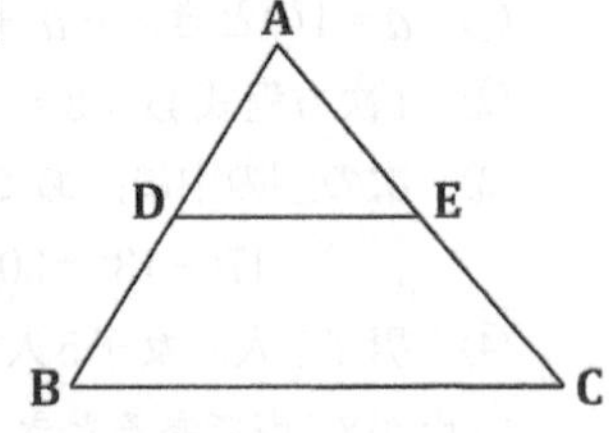

【英　語】（50分）〈満点：100点〉

1　次の(1)～(5)までの各組の語について，下線部の発音が他の４つと違うものを１つ選び，その記号を答えなさい。

(1)　ア．said　イ．rain　ウ．wait　エ．play　オ．train
(2)　ア．hope　イ．old　ウ．cow　エ．rose　オ．open
(3)　ア．about　イ．south　ウ．country　エ．mouth　オ．out
(4)　ア．through　イ．together　ウ．three　エ．third　オ．fifth
(5)　ア．hard　イ．father　ウ．heart　エ．far　オ．heard

2　次の動詞の活用表の空欄(1)～(5)に入る語を答えなさい。

現在形	過去形	過去分詞形
give	(1)	given
(2)	wrote	written
see	(3)	seen
(4)	spoke	spoken
know	knew	(5)

3　次の(　　)内に入る前置詞として最も適切なものを右の語群から一つ選び，答えなさい。

(1)　These shoes are too big (　　　) me.
(2)　It may rain soon. Take an umbrella (　　　) you.
(3)　They don't work (　　　) Sundays.
(4)　There's a bus stop in front (　　　) the flower shop.
(5)　My sister stayed (　　　) Australia for a week.

語群
of
in
with
for
at
on

4　日本文の意味に合うように(　　)内の語を並べかえ，その中で２番目と４番目にくるものを番号で答えなさい。ただし文頭にくるものも小文字で記してある。

(1)　彼女は困っている人々を助けることを決心した。
She (① to　② help　③ decided　④ people　⑤ in　⑥ other) need.

(2)　一週間私の犬の世話をしていただけませんか。
Can (① take　② dog　③ you　④ care　⑤ of　⑥ my) for a week?

(3)　美紀がどこに行ったのか私は知りません。
(① where　② I　③ went　④ know　⑤ don't　⑥ Miki).

(4)　もう一つケーキをいかがですか。
(① piece　② another　③ you　④ would　⑤ like　⑥ of) cake?

(5)　私にはピアノを練習する十分な時間がありません。
I don't (① practice　② enough　③ the piano　④ to　⑤ time　⑥ have).

5　次の英文の(　　)内より適切な形を選び，記号で答えなさい。

(1) May (ア. invites　イ. invited　ウ. was inviting) many friends to her birthday party last week.

(2) The girl (ア. plays　イ. is playing　ウ. playing) the piano is Erika.

(3) How long (ア. do　イ. are　ウ. have) you known Kota?

(4) It is raining now, but it will (ア. be　イ. is　ウ. was) fine tomorrow.

(5) Have you ever (ア. watch　イ. watched　ウ. watching) a soccer game at Kashima Stadium?

6　次の(1)~(5)までの各組の英文について，(　　)内に共通して入る適切な語をア～エより選び，記号で答えなさい。

(1) (　　　) is your birthday, Mary?
(　　　) he called her, she was taking a bath.
ア. What　　イ. Who　　ウ. When　　エ. How

(2) (　　　) long are you going to stay in London?
Please tell me (　　　) much these shoes are.
ア. what　　イ. who　　ウ. which　　エ. how

(3) That boy is (　　　) to everybody.
What (　　　) women they are!
ア. kind　　イ. old　　ウ. fast　　エ. young

(4) What time should I (　　　) up tomorrow morning?
You need to (　　　) along with your friends.
ア. see　　イ. get　　ウ. talk　　エ. think

(5) He (　　　) without saying goodbye to me.
You'll find the bookstore if you turn (　　　).
ア. leave　　イ. left　　ウ. leaf　　エ. lift

7　次の男性(Man)と女性(Woman)の対話で，[A]から[D]に入るものとして最も適切なものを下のア～オの中から選び，記号で答えなさい。また，空所Eに入る最も適切な英文を書きなさい。

W：Excuse me, sir?
M：Sure. What is it?
W：[A]
M：Yeah, take the Yamanote Line bound for Ueno, and please change to the Joban Line at Nippori station.
W：[B]
M：No. Trains *bound for Ueno leave from *track number 7.
W：I see, and [C]
M：No, you can *pay when you arrive at Ryugasaki-shi station.

Well, it costs about 1000 yen.

W：Oh, that's good. [D] take from here to Ryugsaki-shi station?

M：It takes about one hour and several minutes.

W：＿＿＿E＿＿＿.

M：You're welcome.

ア. Can I take the train here?

イ. Can you show me how to get to Ryugasaki-shi station?

ウ. How long does it

エ. do I have to buy a ticket?

オ. How far is it

注 *bound for ～ ～行きの　*track ホーム番線　*pay 支払う

8 次の英文を読んで，後の問いに答えなさい。

Aya is a high school student. Her father lives in *California now. Last summer she went to the United States with her mother to meet her father. Then Aya met a college student, Linda who lives in *Los Angeles. Their fathers worked together at the same company in California. They made good friends. Linda and her family invited Aya to their house. Aya stayed there for three days.

At dinner time Linda said, "Aya, I'd like to show you around *San Francisco ①before you go back to Japan. San Francisco is one of the most beautiful cities in the world. And there are ②(see, a, of, places, lot, to). It's not very far from here, and maybe you'll like it." "Wow, that's good. I've wanted to see many places. Please take me there." Aya was very glad to hear that. After dinner they enjoyed talking about their trip to San Francisco. Linda showed some pictures to Aya and said, "These are the pictures of San Francisco." "Thanks. Oh, ③(this, city, wonderful, how, is)! I've ever seen this cable car and the *scenery of this town in the movies. This bridge is very large. What's this bridge?" asked Aya. "It's the famous Golden Gate Bridge, and was ④(build) in four years and *opened to traffic about eighty years ago. It's 1280 meters long and one of the longest bridges in the world.

Next Saturday Aya and Linda went to San Francisco. They had a very good time.
Aya and her mother spent in the United States for a week, and came back to Japan. Aya and Linda are also good friends now, and they send e-mail each other.

注 *California カリフォルニア(州)　*Los Angeles ロサンゼルス　*San Francisco サンフランシスコ
*scenery 風景　*opened to traffic 開通した

(1) 下線部①の英語と反対の意味をもつ英語を文中から抜き出して答えなさい。

(2) 文中の②③(　　)内の語を並べかえて，意味の通る英文にしなさい。

(3) ④(build)を適切な形に変えなさい。

(4) 次の質問に対する答えを日本語で答えなさい。

1．彩と母がアメリカに行く目的は，何でしたか。

2．彩とリンダは，なぜ知り合いなのですか。

3．橋はどのくらいの期間で建てられましたか。

4．彩と母はアメリカにどのくらいいましたか。

(5) 次の質問に対する答えを英語で答えなさい。

1．When did Aya go to the United States?

2．How long did Aya stay at Linda's house?

9　次のA，Bの問いについて，それぞれ20語以上の単語を用いて英文にしなさい。ただし，カンマ，ピリオドは含めないものとする。

A：あなたが現在通っている(いた)学校について教えてください。

B：あなたの一番好きな季節とその理由について教えてください。

三　次の文章を読んで、後の問いに答えなさい。

一条の二位の入道※のもとに、高名のはね馬※出で来たりけり。秦頼久※をめして※、のせられたりけるに、ひとたまりもせず、はねおとされけるを、父敦頼が七十有余※にて候ひけるが、是をみて、「わろくつかうまつる物かな。」❶敦頼はよも落ちじ」とぞ申しけるを、老後に※いかゞとは入道❷おもひながら、「さらばのれかし」といはれたりければ、❸やがて乗りて、すこしも落ちざりけり。❹人々目を驚かしけり。

（『古今著聞集』より）

※一條の二位の入道＝藤原能保のこと
※高名のはね馬＝うわさに高いあばれ馬
※秦頼久＝馬術にすぐれていた人物
※めして＝呼び寄せなさって
※七十有余＝七十歳あまり
※老後に＝年を取っているから

問一　――線❶「敦頼はよも落ちじ」の意味として適切なものを次から選び、記号で答えなさい。

ア　私敦頼もきっと落ちるだろう
イ　私敦頼は決して落ちることはない
ウ　私敦頼は絶対に落ちたくない
エ　私敦頼も以前落ちたことがある

問二　――線❷「おもひながら」を現代仮名遣いに直しなさい。

問三　――線❸「やがて乗りて」の主語を次から選び、記号で答えなさい。

ア　一條の二位の入道　　イ　はね馬
ウ　秦頼久　　エ　敦頼

問四　――線❹「人々目を驚かしけり」とありますが、その理由として適切なものを次から選び、記号で答えなさい。

ア　うわさどおりのあばれ馬だったから
イ　頼久が馬から落とされてしまったから
ウ　敦頼が見るからに年寄りだったから
エ　敦頼が見事にあばれ馬を乗りこなしたから

四　次の各文の□の中には、身体の部分を表す漢字一字が入ります。最も適する漢字を後の語群から選び、記号で答えなさい。

① 豪華な衣装に□をうばわれる。
② 多くの人の前で転んで、□から火が出る思いがした。
③ 一日中歩き回って、□が棒になる。
④ 先生のことばを□に刻む。
⑤ のどから□が出るほどほしくて仕方ない。
⑥ □にたこができるほど何度も言われた。
⑦ みんなで□をそろえて反対した。
⑧ 懐かしい友との再会を□を長くして待っている。
⑨ ゆっくり□を割って話し合おう。
⑩ 兄が全国大会で優勝して□が高い。

《語群》

ア　頭　　イ　顔　　ウ　目
エ　鼻　　オ　口　　カ　耳
キ　首　　ク　胸　　ケ　腹
コ　手　　サ　指　　シ　足

そこには両親パンダと子パンダが、のそーっといた。テレビで見たみたいに、子パンダもお尻をむけて寝ていることなく、笹を手で持って、はぐはぐと噛(か)んでいた。

「大きくて、かわいい……」

ガラスにへばりつきながら、モモヨは心からうれしくなった。テレビのニュースや、ひ孫に買ってやったぬいぐるみなどで、形状は知っているが、⑨ジツブツを見たのは生まれて九十年の間で初めてのことだった。なるべくゆっくり見ていようと、❹そろりそろりと歩いていたのに、あっという間にパンダ舎のはじっこまできてしまった。

「えーっ、たったこれだけで終わりか」

モモヨはとっても悲しくなった。後ろでは係員が、

「もう一度見たい方は、列の後ろに並んでくださあい」

といっている。後ろをふり返ると、子パンダは相変わらず、はぐはぐと笹を噛み、両親パンダはのそのそと歩いている。パンダ舎の前には、いつの間にか家族連れや若いカップルの、人だかりができていた。

「もう一度、正面からパンダを見たい」

モモヨはそう思ったが、そうなるとまた列の後ろにつかなければならない。だんだん混んできた⑩ケハイもある。

❺「面倒くさいなあ」

モモヨはパンダ舎のいちばんはじっこに、呆然(ぼうぜん)と立ちつくしながら、もう一度、

「面倒くさいなあ」

とつぶやいた。

（群ようこ『モモヨ、まだ九十歳』より）

問一　――線①～⑩のカタカナは漢字に直し、漢字は読み方を書きなさい。

問二　――線❶「お迎えがきてしまう」とは、どういう意味か答えなさい。

問三　［❷］に入る言葉として適切なものを次から選び、記号で答えなさい。

ア　驚かされるような
イ　せかされるような
ウ　胸がつまるような
エ　気が引けるような

問四　――線❸「そのうちのひとつは果たした」とありますが、そのひとつとは何ですか。本文中から抜き出して答えなさい。

問五　――線❹「そろりそろり」に使われている表現方法を次から選び、記号で答えなさい。

ア　比喩表現　イ　擬人法
ウ　擬態語　エ　擬声語

問六　――線❺「面倒くさいなあ」とありますが、その理由を答えなさい。

問三　――線❷「骨身を惜しまず」の意味として適切なものを次から選び、記号で答えなさい。

ア　少しずつ努力する　イ　努力や苦労を必要とする
ウ　努力や苦労を嫌がる　エ　苦労を避けないで努力する

問四　――線❸「それまで」とは、いつまでのことですか。「まで」につながるように、七字で答えなさい。

問五　❹　に入る語として適切なものを次から選び、記号で答えなさい。

ア　つまり　イ　そして
ウ　ところが　エ　また

問六　――線❺「他者を排除した自我というものもありえない」と筆者が考える理由を答えなさい。

二　次の文章を読んで、後の問いに答えなさい。

モモヨは東京駅からまっすぐ、ホテルに向かった。両手に荷物を持ち、チェック・インも全部自分でやった。部屋に入り、彼女はふと今回、東京に来た目的を思い出した。ふだんゲートボールをやって体を動かしているとはいえ、旅行するといっても近県の①オンセンくらいなものである。遠出はしたことがない。

「今、行っておかないと、もしかしたらまた東京を②訪れることがないまま、❶お迎えがきてしまうかもしれない」

彼女はまるで　❷　気持ちで、伯父夫婦に、

「ちょっと、東京に行ってくる」

と宣言して、荷物をまとめて遊びに来てしまったのである。

目的は、

「ホテルにひとりで泊まる」

「上野動物園でパンダを見る」

「東京ドーム見学」

「東京ディズニーランドで遊ぶ」

「おばあちゃんの原宿で買い物」

この五つである。❸そのうちのひとつは果たした。次は上野動物園のパンダである。せっかく行っても、動物園の③都合でパンダが見られないこともあるかもしれない。彼女は早速、部屋から外線電話で、上野動物園に電話してみた。

「もしもし、パンダはいつ出ますか」

単刀直入でちょっと間抜けな質問の仕方だったが、モモヨといえども、ちょっと④緊張していた。ところが電話に出た人は、⑤シンセツに、

「パンダはいつでも出てますよ」

と教えてくれた。そこで⑥アンシンして彼女は翌日、上野動物園に出かけることができたのである。

動物園は思っていたよりも空（す）いていた。子供連れがたくさんいて、ずらっと長い列を作り、パンダを見るまでに三十分、一時間、待たされるのではないかと心配していたのである。まあ、彼女の場合は足腰が丈夫なので、一時間くらい立っているのは平気なのだが、ひとりでやってきたことでもあるし、やっぱり並んで待っている間は⑦退屈だ。人が並んでいないことにモモヨは⑧感謝した。そしてこれからパンダが見られると思うと、体中がうきうきしてきて、パンダ舎にむかって思わず走りだした。

【国　語】（五〇分）〈満点：一〇〇点〉

一　次の文章を読んで、後の問いに答えなさい。

私が自我というものにハッキリと目覚めたのは、十七歳のころだったと思います。もちろん、そのとき「今日、目が覚めた」という①自覚があったわけではなく、かなり時間がたってから、後追い的にわかったことです。

野球をしていても、野原を走っていても、どこか昨日までの自分と違う。それは、❶自分という存在を外から眺める意識に目覚めたということでしょう。誰にでもそんな日があるのではないでしょうか。このとき私は、自分がどんな存在として生まれてきたのかを詮索（せんさく）するようになっていたのです。しかしそうすると、自分の人生は重いものにならざるをえないように思えて、暗い気持ちになってしまいました。

そして、「※吃音（きつおん）」という②ジョウタイに陥ってしまいました。母音で始まる言葉が出なくなり、③ロウドクなどをさせられると、立ち往生してしまい、④途方に暮れてしまったのです。そのときの気分を、いまでもときどき思い出すことがあります。ちょうど水に潜って、水面が上のほうに見えているような感じです。水面が見えているのにどうしても浮かびあがっていけず、息が苦しくてしかたがない、そんな息の⑤詰まる感じです。

私の両親は、子供に不自由な思いをさせまいと❷骨身を惜しまず働き、惜しみなく愛情を⑥注いでくれました。ですから、❸それまでの私は何の疑問も感じることもなく、漱石の『坊っちゃん』のように元気すぎるほどのやんちゃ坊主でした。［　❹　］、自我に目覚めてからは内省的で人見知りをする人間になってしまいました。

⑦ケッキョク、私にとって何が耐えがたかったのかと言うと、自分が家族以外の誰からも承認されていないという事実だったのです。自分を守ってくれていた父母の懐（ふところ）から出て、自分を眺めてみたら、社会の誰からも承認されていなかった。私にとっては、それがたいへんな※不条理だったのです。単なる思いこみだったのかもしれませんが、当時の私には、どうしてもそうとしか思えなかったのです。そして、それまで一心同体であった両親さえも、対象化して見るようになってしまいました。非常に殺伐（さつばつ）とした気持ちでした。

この経験も⑧踏まえて、私は、自我というものは他者との「相互承認」の産物だと言いたいのです。そして、もっと⑨ジュウヨウなことは、承認してもらうためには、自分を他者に対して投げ出す必要があるということです。

他者と相互に承認しあわない一方的な自我はありえないというのが、私のいまの⑩ジッカンです。もっと言えば、❺他者を排除した自我というものもありえないのです。

（姜　尚中『悩む力』より）

※吃音＝どもってしまうこと

※不条理＝道理に合わないこと

問一　――線①～⑩のカタカナは漢字に直し、漢字は読み方を書きなさい。

問二　――線❶「自分という存在を外から眺める意識」を表す言葉として、適切な漢字二字を本文中から抜き出して答えなさい。

2021年度

解　答　と　解　説

《2021年度の配点は解答欄に掲載してあります。》

＜数学解答＞

1 ① 4　② 1　③ 5　④ $-3\sqrt{6}$　⑤ $8y^2$
2 ① -8　② $x=-3$　③ 4　④ 7.5点　⑤ $(x-10)(x+4)$
3 ① DF＝3cm　② △EDA：△EFC＝4：1　③ ∠ABC＝56°
4 ① B(1，1)　② AB＝2　③ C(2，4)　④ 6
5 ① ∠DEA＝52°　② DE＝$\frac{5}{2}$cm　③ AE＝2cm

○推定配点○
各5点×20　計100点

＜数学解説＞

基本 1 （数・式の計算，平方根の計算）

① $-5+9=4$

② $(27-18)\div9=9\div9=1$

③ $2.5\times\frac{3}{5}+1.4\div\frac{2}{5}=\frac{25}{10}\times\frac{3}{5}+\frac{14}{10}\times\frac{5}{2}=\frac{3}{2}+\frac{7}{2}=\frac{10}{2}=5$

④ $3\sqrt{6}-\sqrt{6}-5\sqrt{6}=(3-1-5)\sqrt{6}=-3\sqrt{6}$

⑤ $2xy\div6x^2y\times24xy^2=2xy\times\frac{1}{6x^2y}\times24xy^2=8y^2$

基本 2 （式の値，1次方程式，計算の工夫，平均点，因数分解）

① $-a^2+8=-4^2+8=-16+8=-8$

② $4x+2=-10$　$4x=-10-2$　$4x=-12$　$x=-12\div4=-3$

③ $17^2-13^2=(17+13)(17-13)=30\times4$　よって，□＝4

④ $\frac{7.0\times7+8.2\times5}{7+5}=\frac{49.0+41.0}{12}=\frac{90.0}{12}=7.5$(点)

⑤ $x^2-6x-40=x^2+\{(-10)+4\}x+(-10)\times4=(x-10)(x+4)$

3 （平面図形の計量問題―三角形の相似，角度）

① 平行線の錯角から，∠ADE＝∠CFE＝90°　△ADEは直角二等辺三角形だから，∠DAE＝45°　平行線の錯角から，∠ECF＝∠DAE＝45°　よって，△CFEも直角二等辺三角形になるので，EF＝FC＝1　したがって，DF＝DE＋EF＝2＋1＝3(cm)

② △EDA∽△EFCで相似比は，ED：EF＝2：1
よって，面積比は，△EDA：EFC＝2^2：1^2＝4：1

③ △ABCにおいて内角の和の関係から，∠ABC＝180°－∠BAC－∠ACB＝180°－79°－45°＝56°

4 （図形と関数・グラフの融合問題）

① $y=x^2$…(ⅰ)　(ⅰ)に$x=-1$を代入して，$y=(-1)^2=1$　A(－1，1)　点Bはy軸に関して点Aと対称な点だから，B(1，1)

② AB＝1－(－1)＝2

③ DC＝AB＝2　よって，点Cのx座標は，2　(ⅰ)に$x=2$を代入して，$y=2^2=4$　したがって，C(2, 4)

④ 線分ABとy軸との交点をHとすると，DH＝4－1＝3　よって，平行四辺形ABCDの面積は，AB×DH＝2×3＝6

5 (平面図形の計量問題－角度，中点連結の定理)

① △ABCの内角の和の関係から，∠BCA＝180°－∠A－∠B＝180°－70°－58°＝52°　平行線の同位角は等しいから，∠DEA＝∠BCA＝52°

② 中点連結の定理から，$DE=\frac{BC}{2}=\frac{5}{2}$(cm)

③ 中点連結の定理から，$AE=\frac{AC}{2}=\frac{4}{2}=2$(cm)

★ワンポイントアドバイス★

3は，△EDAと△EFCは相似な図形で，直角二等辺三角形であることに気づこう。

＜英語解答＞

1 (1) ア　(2) ウ　(3) ウ　(4) イ　(5) オ

2 (1) gave　(2) write　(3) saw　(4) speak　(5) known

3 (1) for　(2) with　(3) on　(4) of　(5) in

4 (1) 2番目 ①　4番目 ⑥　(2) 2番目 ①　4番目 ⑤
(3) 2番目 ⑤　4番目 ①　(4) 2番目 ③　4番目 ②
(5) 2番目 ②　4番目 ④

5 (1) イ　(2) ウ　(3) ウ　(4) ア　(5) イ

6 (1) ウ　(2) エ　(3) ア　(4) イ　(5) イ

7 A イ　B ア　C エ　D ウ　E Thank you very much.

8 (1) after　(2) ② a lot of places to see　③ how wonderful this city is
(3) built　(4) 1 父に会いに行くため　2 彼女らの父親が同じ会社で働いている
3 4年　4 1週間　(5) 1 She went there last summer. [Last summer.]
2 She stayed there for three days. [For three (3) days.]

9 A (例) I go to Midori junior high school. My school has three hundred students. There are a lot of books in the library.
B (例) I like summer the best of all seasons because I like to swim in the sea. Swimming in the sea is a lot of fun.

○推定配点○

1～8 各2点×45　9 各5点×2　計100点

＜英語解説＞

1 （発音）

(1) アは [e]，それ以外は [ei] と発音する。
(2) ウは [a]，それ以外は [ou] と発音する。
(3) ウは [ʌ]，それ以外は [au] と発音する。
(4) イは [ð]，それ以外は [θ] と発音する。
(5) オは [əːr]，それ以外は [ɑːr] と発音する。

基本 2 （単語）

(1) give − gave − given
(2) write − wrote − written
(3) see − saw − seen
(4) speak − spoke − spoken
(5) know − knew − known

重要 3 （語句補充：前置詞）

(1) 〈for ＋人〉「～にとって」
(2) 〈take A with 人〉「Aを持参する」
(3) 〈on ＋曜日〉「～曜日」
(4) in front of ～「～の前に」
(5) 〈in ＋地名〉「～に」

重要 4 （語句整序：不定詞，助動詞，間接疑問文）

(1) (She) decided to help other people in (need.)　in need「必要としている」
(2) (Can) you take care of my dog (for a week?)　take care of ～「～の世話をする」
(3) I don't know where Miki went(.)　間接疑問文は〈where ＋主語＋動詞〉の語順になる。
(4) Would you like another piece of (cake?)　Would you like ～?「～はいかがですか」
(5) (I don't) have enough time to practice the piano(.)　〈enough ＋名詞＋ to ～〉「～するのに十分な…」

基本 5 （語句選択：熟語，分詞，現在完了，助動詞）

(1) 〈invite ＋人＋ to ～〉「人を～に招待する」
(2) playing the piano は前の名詞を修飾する分詞の形容詞的用法である。
(3) 現在完了の疑問文は〈have ＋主語＋過去分詞〉の語順になる。
(4) will などの助動詞のうしろは，動詞の原形を置く。
(5) 現在完了なので，過去分詞を用いる。

6 （単語，熟語）

(1) when「(疑問詞)いつ」「(接続詞)～するとき」
(2) How long は期間を尋ねるとき，How much は値段を尋ねるときに用いる。
(3) kind「親切な」 be kind to ～「～に親切にする」
(4) get up「起きる」 get along with ～「～と仲良くする」
(5) left「leave の過去形・過去分詞形」「左」

7 （会話文）

A Can you show me how to get to ～?「～への行き方を教えてくれませんか」
B 「上野行きの電車は7番線から出る」と答えているので，「ここで電車を乗っていいか」尋ねていると判断できる。

C 「竜ケ崎駅に着いたときに支払うことができる」と答えているので，「切符を買わなければならないか」尋ねていると判断できる。

D How long does it take ～?「～にどのくらい時間がかかりますか」

E You're welcome. と答えているので，Thank you (very much). が適切。

8 (長文読解・物語文：語句補充，語句整序問題[不定詞，感嘆文]，要旨把握)

(全訳) アヤは高校生だ。彼女の父は今，カリフォルニアに住んでいる。昨年の夏，彼女は父に会いに，母と一緒にアメリカに行った。そのとき，彼女はロサンゼルスに住むリンダという大学生に会った。彼女たちの父は，カリフォルニアの同じ会社で一緒に働いている。彼女たちは親友になった。リンダとその家族は，アヤを家に招待した。アヤは3日間リンダの家に滞在した。

夕食のとき，リンダは「アヤ，日本に戻る①前にあなたにサンフランシスコを見せたいわ。サンフランシスコは世界で最も美しい都市の一つなの。だから，②見るべき場所がたくさんあるわ。ここからあまり遠くないし，たぶん気に入るわよ」と言った。「それはいいね。たくさんの場所を見たいな。そこに連れて行ってください」アヤはそれを聞いてとてもよろこんだ。夕食後，彼女たちはサンフランシスコへの旅について話して楽しんだ。リンダはアヤに写真を見せて，「これらはサンフランシスコの写真よ」と言った。「ありがとう。わぁ，③なんて美しい都市なの！映画でこのケーブルカーや町の風景を見たことがあるわ。この橋はとても大きいのね。何という橋なの？」アヤは尋ねた。「それは有名なゴールデンゲートブリッジで，4年かけて④建てられて，80年前に開通したの。1280mの長さで，世界で最も長い橋の一つよ」

次の土曜日，アヤとリンダはサンフランシスコに行った。彼女たちはとても楽しく過ごした。

アヤと母は1週間アメリカで過ごし，日本に戻った。アヤとリンダは今もまた親友で，お互いEメールを送っている。

(1) before「～の前」なので，反対は「～の後」を表す after が適切。

(2) ② to see は前の名詞を修飾する不定詞の形容詞的用法である。 ③ 感嘆文の語順は〈How＋形容詞＋主語＋動詞～！〉となる。

(3) 前にbe動詞があることから，〈be動詞＋過去分詞〉で受動態にする。

(4) 1 第1段落第3文参照。父に会いに行くためにアメリカに行った。 2 第1段落第5文参照。アヤとリンダの父が同じ会社で働いているからである。 3 in four years とあるので，4年間で建てられたとわかる。 4 最終段落第1文参照。アメリカに1週間滞在したとある。

(5) 1 「いつアヤはアメリカに行ったか」 第1段落第3文参照。昨年の夏に行ったとある。

2 「アヤはどのくらいリンダの家に滞在したか」 第1段落最終文参照。3日間滞在したとある。

やや難 **9** (英作文)

A I go to (学校名). や There is (are) ～ in my school. などを用いて，学校について説明をする。

B I like (季節) the best of all seasons because … という英文を用いて，好きな季節と理由を説明する。

★ワンポイントアドバイス★

単語や文法問題などの割合が大きくなっており，また基本的な問題が多く出題されている。したがって，教科書に載っている英文はきちんと身につけたい。

＜国語解答＞

一　問一　①　じかく　②　状態　③　朗読　④　とほう　⑤　つ(まる)
⑥　そそ(いで)　⑦　結局　⑧　ふ(まえ)　⑨　重要　⑩　実感　問二　自我
問三　エ　問四　自我に目覚める(まで)　問五　ウ　問六　(例)　自我というものは他者との「相互承認」の産物だから

二　問一　①　温泉　②　おとず(れる)　③　つごう　④　きんちょう　⑤　親切
⑥　安心　⑦　たいくつ　⑧　かんしゃ　⑨　実物　⑩　気配
問二　(例)　死んでしまうこと　問三　イ　問四　ホテルにひとりで泊まる
問五　ウ　問六　(例)　また列の後ろにつかなければいけないから

三　問一　イ　問二　おもいながら　問三　エ　問四　エ

四　①　ウ　②　イ　③　シ　④　ク　⑤　コ　⑥　カ　⑦　オ　⑧　キ
⑨　ケ　⑩　エ

○推定配点○
一　問一　各1点×10　他　各5点×5　二　問一　各1点×10　他　各5点×5
三　各5点×4　四　各1点×10　計100点

＜国語解説＞

一　(随筆―文脈把握，指示語の問題，接続語の問題，漢字の読み書き，ことわざ・慣用句)

問一　①　自分の置かれている立場や自分の能力などをはっきりと認識すること。「覚」の訓読みは「おぼ(える)」「さ(ます)」。　②　ある時点における人や物事の様子。　③　声に出して読み上げること。「朗」の訓読みは「ほが(らか)」。　④　手段や方法。「途方に暮れる」で，方法や手段が尽きてどうしてよいかわからなくなるという意味になる。　⑤　音読みは「キツ」で，「詰問」などの熟語がある。　⑥　音読みは「チュウ」で，「注視」「注釈」などの熟語がある。
⑦　最後には，という意味。「結」の訓読みは「むす(ぶ)」「ゆ(う)」。　⑧　「踏まえる」は，判断する根拠とすること。音読みは「トウ」で，「踏襲」「踏破」などの熟語がある。　⑨　きわめて大切であること。「要」の訓読みは「かなめ」「い(る)」。　⑩　現実の物事に接して得られる感じのこと。「実」の訓読みは「み」「みの(る)」。

問二　――線❶を含む「自分という存在を外から眺める意識に目覚めたということでしょう」は，冒頭の「私が自我というものにハッキリと目覚めた」をふまえている。ここから「自分という存在を外から眺める意識」に重なる漢字二字の部分を抜き出す。

問三　「ほねみ(を)お(しまず)」と読む。体がやせ細るほどに苦労するという意味からできた慣用句。

問四　直後の文に「自我に目覚めてからは」とあるので，――線❸「それまで」は，自我に目覚めるまでのことだとわかる。「それ」が指し示す内容を七字でまとめる。

問五　「元気すぎるほどのやんちゃ坊主でした」という前に対して，後で「内省的で人見知りをする人間になってしまいました」と相反する内容を述べているので，逆接の意味を表す語が入る。

重要　問六　――線❺「他者を排除した自我というものもありえない」というのであるから，自我には他者が必要であるということになる。自我には他者が必要だと述べている部分を探すと，直前の段落に「私は，自我というものは他者との『相互承認』の産物だと言いたい」とあり，この表現を用いて理由をまとめる。

二 (小説―情景・心情，文脈把握，脱文・脱語補充，漢字の読み書き，語句の意味，表現技法)

問一 ① 地熱で熱せられた地下水を利用した入浴施設。「温」の訓読みは「あたた(かい)」。

② 他の訓読みは「たず(ねる)」。音読みは「ホウ」で，「訪問」「来訪」などの熟語がある。

③ その時の状況や事情。「都」を「ツ」と読む熟語には，他に「都度」がある。 ④ 心が張りつめて体がこわばること。「緊」を使った熟語には，他に「緊縮」「緊急」などがある。

⑤ 相手を思いやって優しく接すること。「親」の訓読みは「した(しい)」「おや」。 ⑥ 気がかりがなく心が安らぐこと。 ⑦ することがなくて時間をもてあますこと。「退」の訓読みは「しりぞ(く)」。 ⑧ ありがたいと思う気持ちを表すこと。「謝」の訓読みは「あやま(る)」。

⑨ 本物。「物」の他の音読みは「モツ」で，「供物」などの熟語がある。 ⑩ どうにもそうらしいと感じられる様子。「気」を「ケ」と読む熟語には，他に「塩気」がある。

問二 ここでの「お迎えが来る」は，阿弥陀仏や死んだ人が死後の世界へ連れて行くために迎えに来ることを言う。

やや難 問三 直前の「今，行っておかないと，もしかしたらまた東京を訪れることがないまま，お迎えがきてしまうかもしれない」という言葉からは，早くしなければとせかされているモモヨの気持ちが読み取れる。

問四 ――線❷の「その」は，前の東京に行く五つの目的を指し示している。冒頭に「モモヨは……ホテルに向かった。両手に荷物を持ち，チェック・インも全部自分でやった」とあるので，目的の一つ目「ホテルにひとりで泊まる」を「果たした」とわかる。

問五 モモヨが「なるべくゆっくり見ていようと」「歩いていた」様子を，「そろりそろり」と表現している。物事の様子をそれらしい言語音で表すウの「擬態語」が使われている。アはたとえの表現で，その中でも「ようだ」「ごとく」などの語を用いてたとえるものを直喩，「ようだ」「ごとく」などの語を用いないでたとえるものを暗喩(隠喩)という。比喩表現の中でも，人でないものを人のようにたとえる表現方法は，イの「擬人法」。エは，物音や動物の声を言語音で表す表現技法をいう。

重要 問六 「めんどう(くさいなあ)」と読む。一つ前の文の「また列の後ろにつかなければならない」が，モモヨが「面倒くさい」と感じる理由にあたる。理由を聞かれているので，文末を「～から。」「～ため。」などで結ぶ。

三 (古文―文脈把握，文と文節，仮名遣い，口語訳)

〈口語訳〉 一条の二位の入道のところに，うわさに高いあばれ馬がやってきた。(馬術にすぐれていた)秦頼久を呼び寄せなさって，(あばれ馬に)お乗せになったところ，あっという間に，はねおとされたので，(頼久の)父の敦頼が七十歳あまりでございましたが，これを見て，「下手にあやつるものだな。(私)敦頼は決して落ちることはない」と言ったのを，年を取っているからどうだろうと入道は思いながら，「それでは乗ってみろ」とおっしゃったので，(敦頼はあばれ馬に)すぐに乗って，まったく落ちなかった。人々は見てびっくりしたのだった。

問一 「よも……じ」で，決して……ない，という意味になる。直前で，息子の頼久が馬から落ちたのを見て「わろくつかうまつる物かな」と言っていることからも，自分なら決して落ちないという意味だと推察することができる。

問二 語頭以外のハ行は，現代仮名遣いではワ行に直す。

問三 入道に「さらばのれかし」と言われてあばれ馬に乗ったのは，敦頼。「入道おもひながら」の前に「老後にいかゞ」とあることからも，年を取った敦頼に言っているとわかる。

重要 問四 直前の「やがて乗りて，すこしも落ちざりけり」が，「人々目を驚かし」た理由にあたる。年を取っているにもかかわらず，敦頼が見事にあばれ馬を乗りこなしたのを見たからである。

基本 四 （ことわざ・慣用句）

① 「□をうばう」で，すばらしさにみとれるという意味になる。 ② 「□から火が出る」で，恥ずかしくて顔が真っ赤になる。 ③ 「□が棒になる」で，足が疲れて筋肉がこわばる。 ④ 「□に刻む」で，心にしっかりととめる。 ⑤ 「のどから□が出る」で，欲しくてたまらない。 ⑥ 「□にたこができる」で，同じことを何度も聞かされて，いやになる。 ⑦ 「□をそろえる」で，各人が同じことを言う。 ⑧ 「□を長くする」で，期待して待ち焦がれる。 ⑨ 「□を割る」で，本心を打ち明ける。 ⑩ 「□が高い」で，誇らしい気持ちであるという意味になる。

★ワンポイントアドバイス★

漢字の読み書きや慣用句など，国語の知識に関する出題が多い。これらの知識問題をしっかり得点することが大切だ。

大切なことはメモしておこうネ！

T・G

2020年度

★★★★★★★★★★★★★★★★★★★★★★★

入　試　問　題

2020年度

愛国学園大学附属龍ケ崎高等学校入試問題

【数　学】（50分）〈満点：100点〉

1　次の①～⑤の計算をしなさい。

①　$6-8$

②　$17-7\times(-3)$

③　$4.5\div\frac{5}{6}+1.2\times\frac{1}{2}$

④　$(4\sqrt{5}+\sqrt{2})-(\sqrt{5}-3\sqrt{2})$

⑤　$18x^2y\div\frac{3}{5}xy$

2　次の①～⑤の問いに答えなさい。

①　$a=-2$のとき，$-5-a$の値を求めなさい。

②　正方形の面積が$324cm^2$であるとき，この正方形の1辺の長さを求めなさい。

③　次の2つの□の中に，あてはまる同じ数を入れなさい。

$5\times\square=13+16+\square+22+25$

④　新しいクレヨン1箱を購入しました。その中に入っているクレヨン全ての重さを計ったら144gありました。同じクレヨン９本の重さを計ったら54gありました。このとき，そのクレヨン1箱の中には何本のクレヨンが入っているか求めなさい。

⑤　$x^2-11x+24$を因数分解しなさい。

3　図Aのように，平行四辺形ABCDにおいて，AD上にCD = CEとなる点Eをとる。このとき，次の①～③の問いに答えなさい。ただし，∠ABE = 28°，∠EBC = 45°，CE = 3cmとする。

①　ABの長さを求めなさい。

②　∠ECDの大きさを求めなさい。

③　∠BECの大きさを求めなさい。

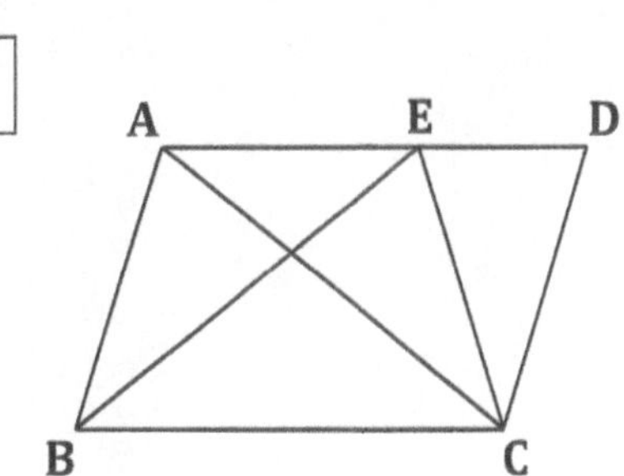

4　図Bのように，関数$y=x^2$のグラフと直線(1)が点Aと点Cで交わっている。関数$y=x^2$のグラフ上に点Bがある。このとき，次の①～③の問いに答えなさい。ただし，点Aのx座標を－1，点Cのx座標を2，点B(1，1)とする。

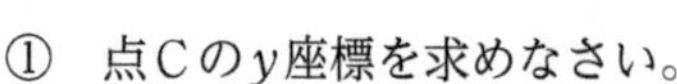

①　点Cのy座標を求めなさい。

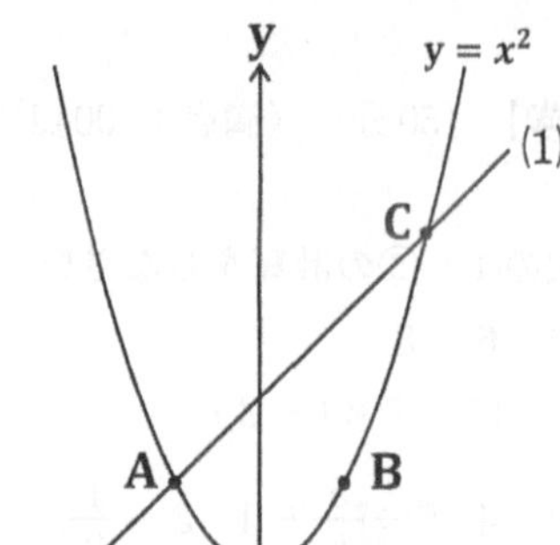

②　直線(1)の式を求めなさい。

③　点Pをy軸上の4より小さい部分にとるとき，△ABCの面積と△APCの面積が等しくなるように，点Pの座標を求めなさい。

5　図Cのように，△ABCにおいて，∠Bの二等分線を引き，AC上の交点をDとする。BC上にBA＝BEとなる点Eをとる。このとき，次①～④の問いに答えなさい。ただし，∠B＝80°，AB＝3 cm，BC＝4 cmとする。

①　∠EBDの大きさを求めなさい。

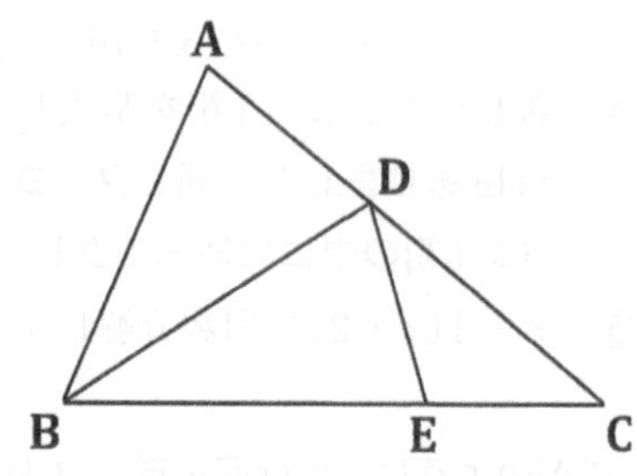

②　ECの長さを求めなさい。

③　△ABDと△DECの面積の比を求めなさい。

④　△ABCの面積は，△DECの面積の何倍になるか求めなさい。

【英　語】（50分）〈満点：100点〉

1　次の単語について，下線部の発音が他の3語と異なるものをそれぞれア～エの中から1つ選び，その記号を答えなさい。

(1)	ア　open	イ　become	ウ　old	エ　show
(2)	ア　game	イ　lake	ウ　ball	エ　make
(3)	ア　mother	イ　north	ウ　month	エ　everything
(4)	ア　idea	イ　choice	ウ　give	エ　city
(5)	ア　studied	イ　moved	ウ　stayed	エ　worked

2　次の動詞の活用表の空欄を埋めなさい。

現在形	過去形	過去分詞形
take	(1)	taken
have	had	(2)
speak	spoke	(3)
(4)	bought	bought
go	went	(5)

3　次の(　　　)に入る前置詞として最も適切なものを右の語群からそれぞれ一つ選び，答えなさい。

(1)　I live (　　　) Ryugasaki.

(2)　This letter was written (　　　) Ken.

(3)　She is good (　　　) playing tennis.

(4)　He worked (　　　) a doctor for a long time.

(5)　She is looking (　　　) her English notebook.

< 語　群 >

at
in
for
as
by

4　日本語の意味に合うように(　　　)内の語句を並べ替え，その中で2番目と4番目にくるものを番号で答えなさい。ただし文頭にくるものも小文字で示してあります。

(1)あなたは週に何回サッカーをしますか?　[　　] [2番目] [　　] [4番目] [　　] soccer a week?
(　①often　②you　③how　④play　⑤do　) soccer a week?

(2)あなたは沖縄に行ったことがありますか?　[　　] [2番目] [　　] [4番目] [　　] Okinawa?
(　①been　②have　③ever　④you　⑤to　) Okinawa?

(3)私は明日その映画を見に行くつもりです。I [　　] [2番目] [　　] [4番目] [　　] tomorrow.
I (　①am　②the movie　③see　④to　⑤going　) tomorrow.

(4)私たちにとって世界平和について考えることは重要です。It is [　　] [2番目] [　　] [4番目] [　　] about world peace.
It is (　①important　②us　③for　④think　⑤to　) about world peace.

(5)私は大きな台所がある家が欲しいです。I want [　　] [2番目] [　　] [4番目] [　　].
I want (　①has　②a large　③which　④a house　⑤kitchen　).

5　日本語の意味に合うように,(　　　)入る最も適切な語をア～エから選び, 記号で答えなさい。

(1)この建物はこの町で一番高いです。

This building is the (　ア high　イ higher　ウ highest　エ highly　) in this town.

(2)私は宿題をしなければならない。

I (　ア must　イ will　ウ can　エ may　) do my homework.

(3)お茶は熱すぎて飲むことができません。

The tea is too hot (　ア drink　イ drinks　ウ drank　エ to drink　).

(4)この歌は私たちを幸せな気持ちにさせます。

This song makes (　ア we　イ us　ウ our　エ ours　) happy.

(5)私は英語を学ぶことは大切だと思います。

I think (　ア learn　イ learns　ウ learning　エ learned　) English is important.

6　次の(1)～(5)までの各対話の応答として,(　　　)に入る最も適切なものをア～エから選び, 記号で答えなさい。

(1)　A：I know you're busy, but (　　　)

B：Sure. When I have time, I'll tell you.

ア　could you help me today?　イ　do you think so?　ウ　I don't have any money.

エ　you were late again.

(2)　A：May I help you?

B：Yes, I want a new T-shirt.

A：(　　　)

B：I like green.

ア　Where did you go?　イ　How are you?　ウ　Why do you like?

エ　What color do you like?

(3)　A：The game has already started. Let's go into the stadium.

B：I want to go to the restroom first. (　　　)

ア　We went to the theater.　イ　You're doing it now.　ウ　I'll be there soon.

エ　It stated before.

(4)　A：What did you buy?

B：I bought this flower for my mother. (　　　)

ア　She isn't here.　イ　I think she'll like it.　ウ　I had some already.

エ　She lives in America.

(5)　A：Do you think it will rain tomorrow?

B：Yui and I are going on a picnic, so (　　　).

ア I hope not.　イ　you can use mine.　ウ　that's a good plan.　エ　I didn't say it.

7　次の男性(Man)と女性(Woman)の対話で［　(1)　］から［　(5)　］に入るものとして最も適切なものを下のア～オから選び，記号で答えなさい。

Man：Hello. May I see your passport?
Woman：［　(1)　］
Man：［　(2)　］
Woman：Sightseeing.
Man：How long will you stay?
Woman：［　(3)　］
Man：［　(4)　］
Woman：At my friend's house.
Man：OK. ［　(5)　］
Woman：Thank you.

ア　Where are you going to stay?　イ　For one week.
ウ　Here you are.　エ　What's the purpose of your visit?
オ　Have a nice trip.

8　次の英文を読んで後の問いに答えなさい。

This is a story of a man. His name was John. He always said, "I don't like the *noises of the town. What should I do?" Soon he said, "I'll go to the *woods and build a house there. And I'll be free from all the noises."

One year (　①　), John went to the woods and built a small house. He felt very happy when he saw his house.

But soon, he found that there were lots of *rats and they ran into his house and ate his food. John said, "Now, I'll get a big cat. It will catch those rats." He went to the town and bought a cat. The cat ate almost all the rats. Now (　②　) in John's house. But the cat could not find any food. John thought my cat needs some milk. He decided to buy a cow.

The next morning, John went to the town. He bought a cow and brought her to his house, so John could give milk to the cat. This was heavy work for John. Again, he thought, "I want to find a boy who will take care of my cow for me."

He went to the town again. John found a boy and said, "Will you take care of my cow?" "Yes, I will, but I want to go to your house with my family," said the boy. John said, "Of course." His family arrived there and visited him. They all liked the place, because it was (　③　) beautiful than their old town. "We'll stay here," they said. Soon after this, many other people came to the woods because they wanted to live in the woods. One day they said, "We'll give ④ a good name to our place." That evening John was walking with the boy. He said, "I came here to be free from the noises of the town, but now, this place (　⑤　) a big city." When he looked back, he saw a big sign. "Welcome to John City, the most beautiful city in the country."

＊noises：騒音　woods：森　rates：ねずみ

(1)空欄①に入る適切な語を記号で選びなさい。

ア ago　イ before　ウ later　エ end

(2)空欄②に入る適切な文を記号で選びなさい。

ア There were rats　イ There were no rats

ウ They were rats　エ They were not rats

(3)空欄③に入る適切な文を記号で選びなさい。

ア more　イ most　ウ who　エ which

(4) 下線部④が何を指しているのか，本文中から抜き出しなさい。

(5) 空欄⑤に入る適切な語を記号で選びなさい。

ア looks like　イ waits for　ウ tries to　エ gets up

(6)本文の内容に一致するものには○を，一致しないものには×を書き入れなさい。

① John wanted to live in a big town.

② John thought that the cat could catch the rats.

③ John found a boy who could give milk to the cow.

④ Many people came to the woods to see the cat.

⑤ This is a story of a man who wanted to be free from all the noises.

9　次のA，Bの問いについて，それぞれ20語以上の英語で答えなさい。ただし，カンマ，ピリオドは含めないものとする。

A：あなたの住んでいる市町村について教えてください。

B：あなたの一番好きな教科と，その教科が好きな理由を2つ教えてください。

＊本意＝本来の目的

＊先達はあらまほしき事なり＝案内者はほしいものである

問一　——線①「心うく覚えて」の口語訳として適切なものを次から選び、記号で答えなさい。

ア　心苦しく思って　　イ　不愉快だと思って

ウ　情けなく思って　　エ　不安に思って

問二　——線②「徒歩よりまうでけり」の主語を、本文中から抜き出しなさい。

問三　——線③「先達はあらまほしき事なり」とありますが、案内者がいれば山に登って何ができましたか。

問四　「法師」の言った言葉はどこですか。本文中から抜き出し、初めと終わりの四字ずつを書きなさい。

四　次の熟語は、それぞれどのような構成になっていますか。あてはまる構成を選び、記号で答えなさい。また、同じ構成の熟語を後の語群から選び、記号で答えなさい。

①頭痛　②家屋　③親友　④往復　⑤乗車

《構成》ア　意味の似た漢字を重ねたもの。

イ　反対の意味を持つ漢字を重ねたもの。

ウ　下の漢字が上の漢字の目的・対象を示すもの。

エ　上の漢字が下の漢字を修飾するもの。

オ　主語と述語の関係にあるもの。

《語群》a　日没　　b　就職　　c　曲線

d　岩石　　e　勝負

ている。それが❹とびきり厄介（やっかい）な頼み事だということも、ちゃんと。

「よし、いまのうちにたくさん練習しよう」真一は張り切った声を出した。「ママに見せるとき、一発で成功したらカッコいいぞ」

❺「べつにそんなの関係ないじゃん」

葉子はまた唇（くちびる）をとがらせて、不機嫌な顔のまま鉄棒をつかんだ。失敗しても笑わないようしつこく⑩ネンを押し、何度も大きく息をついて腕に力を溜（た）め込んでから、地面を蹴（け）り上げた。

失敗——。

真一がこらえたのは、笑いではなく、ため息だった。

（重松　清『日曜日の夕刊』より）

問一　——線①～⑩のカタカナは漢字に直し、漢字は読み方を書きなさい。

問二　——線❶「あっさりいなし」の意味として適切なものを次から選び、記号で答えなさい。

ア　やんわり口ごたえして　　イ　そっと受け入れて

ウ　少し言いつくろって　　エ　軽くあしらって

問三　——線❷「そういうの」とは、具体的にはどういうことですか。

問四　——線❸「葉子が最近爪を噛むようになった」のは、どうしてですか。その理由を本文中から十字で抜き出しなさい。

問五　——線❹「とびきり厄介な頼み事」とは、どういうことですか。

問六　——線❺「べつにそんなの関係ないじゃん」と言った葉子の気持ちに最も当てはまるものを次から選び、記号で答えなさい。

ア　何度練習してもさかあがりができない自分がいやになっている。

イ　母親を一人じめしている弟にヤキモチを焼いている。

ウ　一回でさかあがりができるとなぜ「かっこいい」のか、不思議に思っている。

エ　母親に認めてもらいたい気持ちを素直に表現できずに強がっている。

三　次の文章を読んで、後の問いに答えなさい。

仁和寺にある法師、年寄るまで、*石清水を拝まざりければ、①心うく覚えて、ある時思ひ立ちて、ただひとり、②*徒歩（かち）よりまうでけり。*極楽寺・高良（こうら）などを拝みて、*かばかりと心得て帰りにけり。さて、*かたへの人にあひて、*年比（としごろ）思ひつること、果し侍（はべ）りぬ。聞しにも過て、尊くこそおはしけれ。そも、参りたる人ごとに山へ登りしは、何事かありけん、*ゆかしかりしかど、神へ参るこそ*本意（ほい）なれと思ひて、山までは見ずとぞ言ひける。

すこしのことにも③*先達（せんだつ）はあらまほしき事なり。

（兼好法師『徒然草』より）

*石清水＝石清水八幡宮のこと
*徒歩よりまうでけり＝徒歩で参拝した
*極楽寺・高良＝石清水八幡宮がある山のふもとの寺と神社
*かばかり＝このくらい・これだけ
*かたへの人＝仲間の法師
*年比＝長年
*ゆかしかりしかど＝気にはなったけれど

られている。

ウ　身体の内部は高度な技術を使わないとぜったいに見ることができない。

エ　痛みや病いという現象は不意を襲うようなかたちでやってくる。

問三　**❷**に入る語を漢字一字で書きなさい。

問四　――線❸「わたしたちの身体」は、どんな感情と結び付くと言えますか。本文中から二字で抜き出しなさい。

問五　――線❹「どこかたよりないイメージとして所有することしかできない」とはどういうことですか。同じ段落から十五字で抜き出しなさい。

問六　この文章では、筆者はじぶんの身体というものについてどのようなものだと述べていますか。第三段落から二十字以内で抜き出しなさい。

二　次の文章を読んで、後の問いに答えなさい。

後ろを振り向くと、公園の①木立越しにマンションが見える。五階建の四階、右から二つめの部屋が、我が家だ。公園からは徒歩五、六分の距離だが、直線距離にすると思いのほか近いのだと知った。ベランダに②干したタオルケットのピーターラビットの③絵柄も、だいたいわかる。菜々子は「ママも④オウエンしているからね」と葉子に言っていたが、まだベランダに菜々子の姿はない。リビングの窓もブラインドが下りたままだ。

鉄棒に目を戻したら、葉子はあわてたそぶりでそっぽを向いた。この子もベランダを見ていたのかもしれない。父親だ、それくらいは真一にもわかるし、そのときの気持ちも見当がつく。だが、問題はそこから先、どんな表情でなにを話しかけてやればいいか、だった。

「なにやってるんだろうな、ママ、約束忘れちゃったのかなあ」

少し怒ったふうに言ってみた。葉子の⑤シツボウをすくいとったつもりだったが、当の葉子は「しょうがないよ」と❶あっさりいなし、逆に母親をかばって「ママ、ほんとに⑥忙しいんだから」とつづけた。

実際、菜々子は休む間のないほど忙しい毎日を過ごしている。二月に葉子の弟――孝史が生まれた。いまは這(は)い這(は)いを覚え、手に握ったものはなんでも口に入れてしまう、ひとときも目の離せない時期だ。そのぶん、葉子は寂しい思いをしているはずだった。

「どーせタカくんが泣いてるんじゃない？　一回泣きだすと、ちょーしつこいんだもん」

笑いながらの⑦クチョウにトゲがひそんでいるような、いないような。

「パパはいいよね、❷そういうの知らないから」

こっちにはトゲが確かにある。耳と胸が痛い。リストラの嵐が吹き荒れる電器メーカーの営業職だ、人員整理された同僚(どうりょう)のぶんも仕事を背負わされ、平日は残業つづきで子供の⑧ネガオしか見られない。❸葉子が最近爪を噛(か)むようになったことも、食べ物に好き嫌いができたことも、菜々子から聞かされるだけだった。

葉子と二人きりになるのは、いったい何カ月ぶりだろう。「ちょっと葉子にさかあがり教えてくれない？」と真一に言った菜々子は、ほんとうに頼みたいことは別にあるんだとも⑨目配せで伝えていた。わかっ

【国　語】（五〇分）〈満点：一〇〇点〉

一　次の文章を読んで、後の問いに答えなさい。

じぶんの身体というものは、だれもがじぶんのもっとも近くにあるものだと思っています。たとえば包丁で切った傷の痛みはわたしだけが感じるもので、他人は頭でわかっても、わたしの代わりに痛んでくれるわけではありません。その意味で、わたしとはわたしの身体であると言いうるほどに、わたしはまちがいなくわたしの身体に近くにありそうです。

ところが、よく考えてみると、❶わたしがじぶんの身体についてもっている情報は、ふつう想像しているよりもはるかに貧弱なものです。たとえば身体の全表面のうちでじぶんで見えるところというのは、身体の前面のごく一部に限られています。だれもじぶんの背中や①後頭部をじかに見たことはありません。それどころか、他のひとたちがこのわたしを〈わたし〉として②認知してくれるその［❷］は、じぶんでは終生、じかに見ることができないものです。ところがこの［❷］にこそ、じぶんではコントロール③フカノウな感情や気分が露出してしまいます。なんとも④無防備なことです。

それだけではありません。身体の内部となると、これはレントゲンや超音波撮影機や体内カメラといった高度な技術を使わないと、ぜったいに見ることはできません。身体の内部で起こっている⑤コマかいことは、じぶんではぜんぜんわからないのです。じぶんのなかからふつふつと湧き上がってくる欲望や感情、これもわたしたちはなかなかうまくコントロールできません。痛みや病いという現象も、わたしたちには不意を襲うようなかたちでやってきます。それにたいして、わたしたちはただいつも襲われるがままでいるしかないのです。身体とはわたしたちにとってまずは不安の滲みでてくるところであるようです。❸わたしたちの身体は、知覚情報も⑥乏しいし、思うがままに統制もできないという意味では、〈わたし〉から想像以上に遠く隔たったもののようです。

他人の身体ならわたしたちはそれを一つの物体として、他の物体のように見たり⑦フれたりできるのですが、ほかならぬこのわたしの身体は、じぶんではいわば❹どこかたよりないイメージとして所有することしかできないのです。わたしたちはじぶん自身の身体を、いわば目隠ししたまま経験するしかないわけです。これは考えてみれば、物騒な⑧ジジツです。フリードリヒ・ニーチェという哲学者は、その⑨著書のなかで、「各人にとっては自己自身がもっとも遠い者である」という、ドイツの古い諺を⑩ショウカイしていますが、身体についてもまったく同じことが言えそうです。

（鷲田清一『ひとはなぜ服をきるのか』より）

問一　——線①〜⑩のカタカナは漢字に直し、漢字は読み方を書きなさい。

問二　——線❶「わたしがじぶんの身体についてもっている情報は、ふつう想像しているよりもはるかに貧弱なものです」とありますが、その例として適切でないものを次から選び、記号で答えなさい。

ア　包丁で切った傷の痛みはわたしだけが感じるものである。

イ　身体の全表面のうちでじぶんで見えるところは、ごく一部に限

2020年度

解　答　と　解　説

《2020年度の配点は解答欄に掲載してあります。》

＜数学解答＞ 《学校からの正答の発表はありません。》

1　①　-2　②　38　③　6　④　$3\sqrt{5}+4\sqrt{2}$　⑤　$30x$

2　①　-3　②　18cm　③　19　④　24本　⑤　$(x-3)(x-8)$

3　①　AB＝3cm　②　∠ECD＝34°　③　∠BEC＝62°

4　①　4　②　$y=x+2$　③　P(0, 0)

5　①　∠EBD＝40°　②　EC＝1cm　③　△ABD：△DEC＝3：1　④　7倍

○推定配点○

各5点×20　計100点

＜数学解説＞

基本 1　(数・式の計算，平方根の計算)

①　$6-8=-(8-6)=-2$

②　$17-7\times(-3)=17+21=38$

③　$4.5\div\frac{5}{6}+1.2\times\frac{1}{2}=\frac{45}{10}\times\frac{6}{5}+\frac{12}{10}\times\frac{1}{2}=\frac{27}{5}+\frac{3}{5}=\frac{30}{5}=6$

④　$(4\sqrt{5}+\sqrt{2})-(\sqrt{5}-3\sqrt{2})=4\sqrt{5}-\sqrt{5}+\sqrt{2}+3\sqrt{2}=3\sqrt{5}+4\sqrt{2}$

⑤　$18x^2y\div\frac{3}{5}xy=18x^2y\times\frac{5}{3xy}=30x$

2　(式の値，方程式の応用問題，比例式，因数分解)

①　$-5-a=-5-(-2)=-5+2=-3$

②　正方形の1辺の長さを$x$cmとすると，$x^2=324$　$x>0$から，$x=\sqrt{324}=18$(cm)

③　5×□＝13＋16＋□＋22＋25＝□＋76　5×□－□＝76　4×□＝76　□＝76÷4＝19

④　求めるクレヨンの数をx本とすると，$x:144=9:54$　$x=\frac{144\times9}{54}=24$(本)

⑤　$x^2-11x+24=x^2+(-3-8)x+(-3)\times(-8)=(x-3)(x-8)$

3　(平面図形の計量問題―平行四辺形，角度)

基本 ①　AB＝DC＝EC＝3cm

②　∠EDC＝∠ABC＝∠ABE＋∠EBC＝28°＋45°＝73°　△ECDは二等辺三角形だから，∠ECD＝180°－73°×2＝34°

③　平行線の錯角は等しいから，∠AEB＝∠EBC＝45°　∠DEC＝∠EDC＝73°　よって，∠BEC＝180°－(45°＋73°)＝180°－118°＝62°

4　(図形と関数・グラフの融合問題)

基本 ①　$y=x^2$…(ⅰ)　(ⅰ)に$x=2$を代入して点Cのy座標を求めると，$y=2^2=4$

②　(ⅰ)に$x=-1$を代入して点Aのy座標を求めると，$y=(-1)^2=1$　よって，A(－1, 1)　直線ACの式を$y=ax+b$として点A，Cの座標を代入すると，$1=-a+b$…(ⅱ)　$4=2a+b$…(ⅲ)

（ⅱ）－（ⅲ）から，$-3=-3a$　$a=1$　これを（ⅱ）に代入すると，$1=-1+b$　$b=2$　よって，直線(1)の式は，$y=x+2$

重要 ③ 点Bを通り，直線(1)に平行な直線とy軸との交点をPとすると，△APC＝△ABCとなる。$y=x+c$に点Bの座標を代入すると，$1=1+c$　$c=0$　よって，直線BPの式は，$y=x$　これに$x=0$を代入すると，$y=0$　よって，求める点Pの座標は，P(0，0)

5 （平面図形の計量問題―角の二等分線，三角形の合同，面積比）

基本 ① $\angle EBD=\frac{\angle B}{2}=\frac{80^\circ}{2}=40^\circ$

② EC＝BC－BE＝4－3＝1(cm)

③ 2辺とその間の角が等しいことから，△ABD≡△EBD　△ABD：△DEC＝△EBD：△DEC＝BE：EC＝3：1

重要 ④ △ABD＝△EBD＝3△DEC　△ABC＝△ABD＋△EBD＋△DEC＝3△DEC＋3△DEC＋△DEC＝7△DEC　よって，△ABCの面積は，△DECの面積の7倍

★ワンポイントアドバイス★

4 ③で，△APC＝△ABCとなるy軸上の点Pは，条件がなければ，直線(1)の上側と下側にとれることを覚えておこう。

＜英語解答＞ 《学校からの正答の発表はありません。》

1 (1) イ　(2) ウ　(3) ア　(4) ア　(5) エ

2 (1) took　(2) had　(3) spoken　(4) buy　(5) gone

3 (1) in　(2) by　(3) at　(4) as　(5) for

4 (2番目，4番目の順)　(1) ①，②　(2) ④，①
(3) ⑤，③　(4) ③，⑤　(5) ③，②

5 (1) ウ　(2) ア　(3) エ　(4) イ　(5) ウ

6 (1) ア　(2) エ　(3) ウ　(4) イ　(5) ア

7 (1) ウ　(2) エ　(3) イ　(4) ア　(5) オ

8 (1) ウ　(2) イ　(3) ア　(4) John City　(5) ア
(6) ① ×　② ○　③ ×　④ ×　⑤ ○

9 (1) (例) I live in Ryugasaki. My city has a big lake. Its name is Ushiku-numa. There are many beautiful birds in my city.
(2) (例) I like English the best. I have two reasons. First, I like to speak English. Second, it is a lot of fun for me to sing English songs.

○推定配点○

1～8　各2点×45(4は各完答)　9　各5点×2　計100点

＜英語解説＞

1 （発音）

(1) イは[ʌ]，それ以外は[ou]と発音する。
(2) ウは[ɔː]，それ以外は[ei]と発音する。
(3) アは[ð]，それ以外は[θ]と発音する。
(4) アは[ai]，それ以外は[i]と発音する。
(5) エは[t]，それ以外は[d]と発音する。

基本 2 （単語）

(1) take － took － taken
(2) have － had － had
(3) speak － spoke － spoken
(4) buy － bought － bought
(5) go － went － gone

重要 3 （語句補充：前置詞）

(1) 〈in ＋地名〉「～で」
(2) 〈by ＋人〉「～によって」
(3) be good at ~ing「～することが得意だ」
(4) as ~「～として」
(5) look for ~「～をさがす」

重要 4 （語句整序：疑問文，現在完了，助動詞，不定詞，関係代名詞）

(1) How often do you play (soccer a week?)　How often で回数を尋ねる疑問文になる。
(2) Have you ever been to (Okinawa?)　have been to ~「～に行ったことがある」
(3) (I) am going to see the movie (tomorrow.)　〈be going to ~〉「～するつもりだ」
(4) (It is) important for us to think (about world peace.)　It is ~ to …「…することは～だ」
(5) (I want) a house which has a large kitchen.　which は主格の関係代名詞である。

重要 5 （語句選択：比較，助動詞，不定詞，文型，動名詞）

(1) the があるので最上級を用いる。
(2) must「～しなければならない」
(3) too ~ to …「～すぎて…できない」
(4) make ＋ A ＋ B「AをBにする」
(5) leaning English が主語となる。

6 （会話文）

(1) Could you ~?「～してくれませんか」という依頼の文になる。
(2) 色を答えているので，what color で尋ねる文を選ぶ。
(3) 「すぐにそこに行くよ」という文を選ぶ。
(4) 母に買った花であることから判断できる。
(5) ピクニックに行く予定なので，雨が降らないと思っていると判断できる。

7 （会話文）

(1) Here you are.「はいどうぞ」
(2) Sightseeing.「観光です」と答えているので，目的を尋ねている文であるとわかる。
(3) How long で期間を尋ねている。
(4) 「友だちの家です」と答えているので，場所を尋ねる疑問文を選ぶ。

(5) Have a nice trip.「良い旅を」

8 **(長文読解・説明文：語句補充，指示語，要旨把握，内容吟味)**

(全訳) これは，ある男性の話だ。彼の名前はジョンだ。彼はいつも「町の騒音が好きではない。どうすべきだろう？」と言っていた。すぐに彼は，「森に行ってそこに家を建てよう。そうすれば，全ての騒音から解放される」と言った。

1年①後，ジョンは森に行き，小さな家を建てた。家を見たとき，彼は幸せに感じた。

しかしすぐに，たくさんのねずみがいて，家の中に走ってきて食料を食べていることに気付いた。ジョンは「じゃあ，大きな猫を飼おう。ねずみを捕まえてくれるだろう」と言った。彼は町に行き，猫を買った。猫はほとんどすべてのねずみを食べた。今や，ジョンの家には②ねずみ1匹もいない。しかし，猫は全く食べ物を見つけられなかった。ジョンは，猫はミルクが必要だと思った。彼は牛を飼うことにした。

次の朝，ジョンは町に行った。彼は牛を買い，家に連れてきた。そして，ジョンはミルクを猫にあげた。これは，ジョンにとって大変な仕事だった。また彼は「私のために牛を世話してくれる少年を見つけよう」と思った。

彼は再び町に行った。ジョンは少年を探し，「私の牛を世話してくれませんか」と言った。「いいですよ，でも家族を連れていきたいです」と少年は言った。ジョンは，「もちろん」と言った。彼の家族が到着し，彼を訪れた。彼らはその場所を気に入った。なぜなら，そこは彼らの古い町よりも，③より美しかったからである。「私たちはここに滞在します」と彼らは言った。この後すぐ，多くの他の人々が森に来た。なぜなら彼らは森に住みたかったからである。ある日，彼らは「私たちの場所に④いい名前を付けよう」と言った。その晩，ジョンは少年と歩いていた。彼は「私は町の騒音から逃れるためにここに来た。でも今は，この場所は大きな町⑤のようだ」と言った。彼は振り返ったとき，大きなサインを見た。「国で最も美しい町，ジョンシティにようこそ」

(1) 「～後」を表す場合は，later を用いる。

(2) 〈no ＋名詞〉「1つも～ない」

(3) beautiful を比較級にする場合には，more を用いる。

(4) 付けられた良い名前とは，最終文にある John City である。

(5) 〈look like ＋名詞〉「～のように見える」

(6) ① 「ジョンは大きな町に住みたかった」 第1段落第3文参照。町の騒音が好きではないので不適切。 ② 「ジョンは猫がねずみを捕まえてくれると思った」 第3段落第3文参照。猫がねずみを捕まえるだろうと言っているので，適切。 ③ 「ジョンは牛にミルクを与える少年を見つけた」 牛からミルクをとるので不適切。 ④ 「多くの人が猫を見るために森に来た」 第5段落第8文参照。美しいから森に来たので不適切。 ⑤ 「これは騒音から逃れたい男性の話である」 第1段落第1文～第3文参照。この男性は，騒音から逃れたいと思っているので適切。

やや難 **9** **(英作文)**

A I live in (住んでいる町). や There is (are)～. を用いて説明をする。

B 理由を複数述べる場合には，I have two reasons. などを用いてわかりやすい英文を作る。

★ワンポイントアドバイス★

不規則動詞の活用など，基礎を重視した問題である。教科書にのっている英文はきちんと理解できるように過去問やワークをくり返したい。

＜国語解答＞ 《学校からの正答の発表はありません。》

一　問一　①　こうとうぶ　②　にんち　③　不可能　④　むぼうび　⑤　細(かい)
⑥　とぼ(しい)　⑦　触(れ)　⑧　事実　⑨　ちょしょ　⑩　紹介　問二　ア
問三　顔　問四　不安　問五　目隠ししたまま経験するしかない　問六　〈わたし〉から想像以上に遠く隔たったもの

二　問一　①　こだち　②　ほ(した)　③　えがら　④　応援　⑤　失望
⑥　いそが(しい)　⑦　口調　⑧　寝顔　⑨　めくば(せ)　⑩　念　問二　エ
問三　(例)　一回泣き出すととてもしつこい　問四　寂しい思いをしている
問五　(例)　葉子との時間をとって寂しさをまぎらわせてほしい　問六　エ

三　問一　ウ　問二　(仁和寺にある)法師　問三　(例)　石清水(八幡宮)にお参りすること
問四　(初め)　年比思ひ～(終わり)　では見ず

四　①　構成　オ　語群 a　②　構成　ア　語群 d　③　構成　エ　語群 c
④　構成　イ　語群 e　⑤　構成　ウ　語群 b

○推定配点○
一　問一　各1点×10　他　各5点×5　二　問一　各1点×10　他　各5点×5
三　各5点×4(問四完答)　四　各1点×10　計100点

＜国語解説＞

一　(論説文―大意・要旨，内容吟味，文脈把握，，脱文・脱語補充，漢字の読み書き)

問一　①　頭の後ろの部分。「後」の他の音読みに「ゴ」がある。　②　ある事柄をはっきりと認めること。「認」の訓読みは「みと(める)」。　③　できないこと。「可能」に打ち消しの意味を表す接頭語「不」が付いたもの。　④　危険や災害に対する備えがないこと。「無」の他の音読みは「ブ」。　⑤　他の訓読みは「ほそ(い)」。音読みは「サイ」で，「細心」「繊細」などの熟語がある。　⑥　ここでの「乏しい」は，十分でないという意味。音読みは「ボウ」で，「欠乏」「窮乏」などの熟語がある。　⑦　他の訓読みは「さわ(る)」。音読みは「ショク」で，「感触」「触発」などの熟語がある。　⑧　実際に起こった事柄。「事」の他の音読みは「ズ」で，「好事家」などの熟語がある。　⑨　その人が書いた書物。「著」の訓読みは「あらわ(す)」「いちじる(しい)」。　⑩　知らない人同士の間に立って引きあわせるという意味の他に，知られていない事柄を広く知らせるという意味がある。

問二　冒頭の文「じぶんの身体というものは，だれもがじぶんのもっとも近くにあるものだと思ってい」る例を，直後の文で「包丁で切った傷の痛みはわたしだけが感じるもの」と挙げている。したがって，「じぶんの身体についてもっている情報」が「貧弱」な例としてアは適切でない。

やや難　問三　一つ目の[❷]の前後の文脈から，「じぶんでは終生，じかに見ることができないもの」で，「他のひとたちがこのわたしを〈わたし〉として認知してくれる」のは何によるのかを考える。また，二つ目の[❷]の後の「感情や気分が露出してしま」うのはどこかを考える。

問四　直前の文に「身体とはわたしたちにとってまずは不安の滲みでてくるところであるようです」に注目する。ここから，感情を表す二字の言葉を抜き出す。

問五　直後の文で「わたしたちはじぶん自身の身体を，いわば目隠ししたまま経験するしかないわけです」と言い換えて説明している。――線❹の「どこかたよりないイメージとして所有することしかできない」を過不足なく言い換えている十五字の部分を探す。

重要　問六　第三段落の最後の部分に「わたしたちの身体は，知覚情報も乏しいし，思うがままに統制もできないという意味では，〈わたし〉から想像以上に遠く隔たったもののようです」と述べている。ここから，じぶんの身体はどのようなものかを述べている部分を抜き出す。

二 （小説一情景・心情，内容吟味，文脈把握，指示語の問題，漢字の読み書き，語句の意味）

問一 ① まとまって生えている樹木。「木」の他の訓読みは「き」で，音読みは「モク」「ボク」。 ② 他の訓読みは「ひ(る)」。音読みは「カン」で，「干潮」「干渉」などの熟語がある。 ③ 「柄」の他の訓読みは「え」。音読みは「ヘイ」で，「横柄」などの熟語がある。 ④ がんばっている人を励まし助けること。「援」を使った熟語は，他に「援助」「救援」などがある。 ⑤ 期待がはずれてがっかりすること。「望」の他の音読みは「モウ」で，「本望」などの熟語がある。 ⑥ 音読みは「ボウ」で，「多忙」などの熟語がある。 ⑦ 言い方の様子。「口」を「ク」と読む熟語には，他に「口伝」「異口同音」などがある。 ⑧ 「寝」ている時の「顔」。「寝」の音読みは「シン」で，「就寝」などの熟語がある。 ⑨ 「目配せ」は，目つきで合図をすること。 ⑩ 「念を押す」は，重ねて注意すること。「念」を使った慣用句には，他に「念には念を入れる」などがある。

問二 「いなす」は，相手の攻撃や追求を軽くあしらうという意味。

やや難 問三 葉子が「パパが知らない」としているのは，どのようなことかを考える。前の「どーせタカくんが泣いてるんじゃない？一回泣きだすと，ちょーしつこいんだもん」を指し示している。この内容を「～こと。」に続く形で簡潔にまとめる。

問四 最近の葉子について述べている部分を探す。「実際，菜々子は」で始まる段落に「二月に葉子の弟――孝史が生まれた……ひとときも目の離せない時期だ。そのぶん，葉子は寂しい思いをしているはずだった」と，葉子の家庭と，葉子の様子を述べている。ここから，「葉子が最近爪を噛むようになった理由と考えられる部分を抜き出す。

やや難 問五 「厄介な」は，面倒で手間がかかること。同じ段落に「『ちょっと葉子にさかあがり教えてくれない？』と真一に言った菜々子は，ほんとうに頼みたいことは別にあるんだとも目配せで伝えていた」の「ほんとうに頼みたいこと」は何かを考える。本文にはっきりと書かれてはいないが，弟が生まれ「寂しい思いをしているはず」の葉子との時間をとって寂しさをまぎらわせてやってほしいという頼み事だと想像できる。

重要 問六 「鉄棒に」で始まる段落に「葉子はあわてたそぶりでそっぽを向いた。この子もベランダを見ていたのかもしれない」とあるように，葉子は母親の菜々子がベランダに出て，自分のさかあがりの練習を応援してくれることを期待していたと感じ取れる。母親がベランダに出ていないことに失望しながら，「べつにそんなの関係ないじゃん」と強がる葉子の気持ちにふさわしいものを選ぶ。

三 （古文一文脈把握，文と文節，口語訳）

〈口語訳〉 仁和寺にいた僧が，年をとるまで，石清水八幡宮をお参りしたことがなかったので，情けなく思って，ある時思い立って，ただ一人で，徒歩で参詣した。(ふもとの)極楽寺や高良大明神などを拝んで，これだけのものと思いこんで帰ってしまった。さて，(帰ってから)仲間の法師に向かって，「長年の間思っていたことを，成し遂げました。(前々から)聞いていたのにもまさって，尊くあられました。それにしても，参詣に来た人々が皆山へ登って行ったのは，何事かあったのでしょうか，私も気にはなったけれど，神に参拝することこそが本来の目的だと思って，山の上までは(登って)みませんでした。」と言ったことだった。

ちょっとしたことにも，(その道の)案内者はほしいものである。

問一 漢字で書くと「心憂く」となり，情けない，不愉快だ，という意味になる。ここでは，法師が石清水八幡宮をお参りしていないことを言っているので，ウの「情けなく思って」が適当。

基本 問二　石清水八幡宮を拝もうと「思ひ立ちて」，「ただひとり，徒歩」で参ったのは，「仁和寺にある法師」。

重要 問三 「法師」は，石清水八幡宮が山頂にあることを知らず，ふもとの別の神社を拝んで帰って来たことから考える。案内者がいれば，「法師」も山に登って石清水八幡宮にお参りすることができたと筆者は言っている。

問四 「法師」が石清水八幡宮にお参りしたと「かたへの人」に話す場面に着目する。「とぞ言ひける」の「と」は引用の意味を表すので，この前までが「法師」の言った言葉となる。

四 (熟語)

① 「頭」が「痛」いと考える。同じ構成の熟語は，「日」が「没」するとなるa。 ② 「家」と「屋」という似た意味の漢字を重ねている。同じ構成の熟語は，「岩」と「石」からなる「岩石」。③ 「親」しい「友」と考える。上の漢字が下の漢字を修飾する構成は，「曲」がった「線」となるc。 ④ 「往」と「復」は反対の意味を持つ漢字を重ねたもの。 ⑤ 「車」に「乗」ると同じ構成の熟語は，「職」に「就」くとなるb。

★ワンポイントアドバイス★

国語でどうしても身につけておいてほしい内容が出題されている。学校からのメッセージは，普段の授業を大切にしよう，ということだ。

大切なことはメモしておこうネ！

解答用紙集

○月×日　△曜日　天気（合格日和）

◆ご利用のみなさまへ
＊解答用紙の公表を行っていない学校につきましては、弊社の責任において、解答用紙を制作いたしました。
＊編集上の理由により一部縮小掲載した解答用紙がございます。
＊編集上の理由により一部実物と異なる形式の解答用紙がございます。

人間の最も偉大な力とは、その一番の弱点を克服したところから生まれてくるものである。——カール・ヒルティ——

東京学参株式会社

愛国学園大学附属龍ケ崎高等学校　2024年度　◇数学◇

※ 141％に拡大していただくと，解答欄は実物大になります。

1	①	
	②	
	③	
	④	
	⑤	

2	①	
	②	n ＝
	③	
	④	本
	⑤	

3	①	**BG：GD ＝ ：**
	②	**cm²**
	③	**∠EAF ＝ °**

4	①	**A(　　，　　)**
	②	**OC ＝**
	③	

5	①	**DC ＝ cm**
	②	**∠EAD ＝ °**
	③	**∠DAB ＝ °**
	④	**△ADC:△ACE ＝ ：**

愛国学園大学附属龍ケ崎高等学校　2024年度

◇英語◇

※ 137%に拡大していただくと，解答欄は実物大になります。

1

(1)	(2)	(3)	(4)	(5)

2

(1)	(2)	(3)	(4)	(5)

3

(1)	(2)	(3)	(4)	(5)

4

(1)	(2)	(3)	(4)	(5)

5

(1)		(2)		(3)		(4)		(5)	
2番目	4番目	2番目	4番目	2番目	4番目	2番目	4番目	2番目	4番目

6

(1)	(2)	(3)	(4)	(5)

7

(1)	(2)	(3)	(4)	(5)

8

(1)		(2)	(3)
(A)	(B)		
b	a		

(4)	(5)

(6)

(7)

(8)		
①	②	③

9

35

45

2024年度 愛国学園大学附属龍ケ崎高等学校

※149%に拡大していただくと、解答欄は実物大になります。

◇国語◇

一

問一 ❶ ❷ ❸ ❹めて ❺ ❻

問二 A B C D

問三

問四

問五

問六 一つ目は 二つ目は

二

問一 ❶って ❷せた ❸ ❹ ❺ ❻えて ❼られる ❽ ❾る ❿

問二

問三

問四 A

問五 B C

問六

三

問一

問二

問三 A B C

問四

四

① ② ③ ④ ⑤ ⑥ ⑦ ⑧ ⑨ ⑩

愛国学園大学附属龍ケ崎高等学校　2023年度　◇数学◇

※ 143％に拡大していただくと，解答欄は実物大になります。

1	①	
	②	
	③	
	④	
	⑤	

2	①	
	②	x ＝
	③	
	④	ページ
	⑤	

3	①	∠EAC ＝ °
	②	AE ＝ cm
	③	∠CEA ＝ °

4	①	
	②	OB ＝
	③	
	④	P(　,　)

5	①	MN ＝ cm
	②	CL ＝ cm
	③	cm^2

愛国学園大学附属龍ケ崎高等学校　2023年度　◇英語◇

※ 139％に拡大していただくと，解答欄は実物大になります。

1

(1)	(2)	(3)	(4)	(5)

2

(1)	(2)	(3)	(4)	(5)

3

(1)	(2)	(3)	(4)	(5)

4

(1)	(2)	(3)	(4)	(5)

5

(1)		(2)		(3)		(4)		(5)	
2番目	4番目	2番目	4番目	2番目	4番目	2番目	4番目	2番目	4番目

6

(1)	(2)	(3)	(4)	(5)

7

(1)	(2)	(3)	(4)	(5)

8

(1)	(2)	(3)

(4)	(5)	(6)

(7)	
1	2

(8)	
1	2

9

A	
B	

愛国学園大学附属龍ケ崎高等学校　２０２３年度

◇国語◇

※１４５％に拡大していただくと、解答欄は実物大になります。

一

問一				
①　　てて	②	③	④	⑤
⑥	⑦	⑧　　かせ	⑨　　く	⑩

問二	
問三	
問四	
問五	
問六	

二

問一				
①　　や	②	③	④	⑤　　して
⑥	⑦	⑧	⑨	⑩

問二	
問三	
問四	
問五	
問六	

三

問一	
問二	
問三	
問四	

四

①	②	③	④	⑤
⑥	⑦	⑧	⑨	⑩

愛国学園大学附属龍ケ崎高等学校　2022年度　◇数学◇

※ 143%に拡大していただくと，解答欄は実物大になります。

1	①	
	②	
	③	
	④	
	⑤	

2	①	
	②	x ＝
	③	
	④	
	⑤	

3	①	**MD** ＝ ㎝
	②	**∠ADE** ＝ °
	③	**AE** ＝ ㎝

4	①	**B(** , **)**
	②	**P(** , **)**
	③	**△AOB:△POB** ＝ ：
	④	

5	①	**∠CAB** ＝ °
	②	**∠ABC** ＝ °
	③	**AB** ＝ ㎝

愛国学園大学附属龍ケ崎高等学校　2022年度

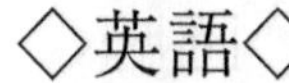

※ 139％に拡大していただくと，解答欄は実物大になります。

1

(1)	(2)	(3)	(4)	(5)

2

(1)	(2)	(3)	(4)	(5)

3

(1)	(2)	(3)	(4)	(5)

4

(1)	(2)	(3)	(4)	(5)

5

(1)		(2)		(3)		(4)		(5)	
2番目	4番目	2番目	4番目	2番目	4番目	2番目	4番目	2番目	4番目

6

(1)	(2)	(3)	(4)	(5)

7

(1)	(2)	(3)	(4)	(5)

8

(1)	(2)	(3)

(4)	(5)	(6)

(7)	
1	2

(8)	
1	2

9

A	
B	

愛国学園大学附属龍ケ崎高等学校　２０２２年度

※１４５％に拡大していただくと、解答欄は実物大になります。

◇国語◇

一

- 問一　①　　ち　②　③　④　⑤　　にて
　⑥　　って　⑦　⑧　⑨　　げる　⑩
- 問二
- 問三　（マス目）　考え
- 問四
- 問五
- 問六

二

- 問一　①　②　③　④　　たない　⑤
　⑥　⑦　⑧　⑨　⑩
- 問二
- 問三
- 問四
- 問五
- 問六　祖母は（マス目）から

三

- 問一
- 問二
- 問三
- 問四

四

- ①　②　③　④　⑤
- ⑥　⑦　⑧　⑨　⑩

愛国学園大学附属龍ケ崎高等学校　2021年度

◇数学◇

※ 154％に拡大していただくと，解答欄は実物大になります。

1	①	
	②	
	③	
	④	
	⑤	

2	①	
	②	x ＝
	③	
	④	点
	⑤	

3	①	DF ＝ cm
	②	△EDA:△EFC ＝ ：
	③	∠ABC ＝ °

4	①	B(,)
	②	AB ＝
	③	C(,)
	④	

5	①	∠DEA ＝ °
	②	DE ＝ cm
	③	AE ＝ cm

愛国学園大学附属龍ケ崎高等学校　2021年度　◇英語◇

※ 145%に拡大していただくと，解答欄は実物大になります。

1

(1)	(2)	(3)	(4)	(5)

2

(1)	(2)	(3)	(4)	(5)

3

(1)	(2)	(3)	(4)	(5)

4

(1)		(2)		(3)		(4)		(5)	
2番目	4番目	2番目	4番目	2番目	4番目	2番目	4番目	2番目	4番目

5

(1)	(2)	(3)	(4)	(5)

6

(1)	(2)	(3)	(4)	(5)

7

A	B	C	D	E

8

(1)	(2)	②
(3)		③

(4)			
1		2	
3		4	

(5)	
1	2

9

A	
B	

２０２１年度

愛国学園大学附属龍ケ崎高等学校

※１５４％に拡大していただくと、解答欄は実物大になります。

◇国語◇

一

問一	①	②	③	④	⑤ まる
	⑥ いて	⑦	⑧ まえ	⑨	⑩

問二	
問三	
問四	まで
問五	
問六	

二

問一	①	② れる	③	④	⑤
	⑥	⑦	⑧	⑨	⑩

問二	
問三	
問四	
問五	
問六	

三

問一	
問二	
問三	
問四	

四

①	②	③	④	⑤
⑥	⑦	⑧	⑨	⑩

愛国学園大学附属龍ケ崎高等学校　2020年度

◇数学◇

※145%に拡大していただくと，解答欄は実物大になります。

1	①	
	②	
	③	
	④	
	⑤	

2	①	
	②	cm
	③	
	④	本
	⑤	

3	①	AB　＝　cm
	②	∠ECD　＝　°
	③	∠BEC　＝　°

4	①	
	②	
	③	P(　,　)

5	①	∠EBD　＝　°
	②	EC　＝　cm
	③	△ABD:△DEC＝　:
	④	倍

愛国学園大学附属龍ケ崎高等学校　2020年度

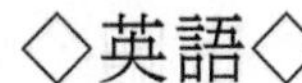

※145%に拡大していただくと，解答欄は実物大になります。

1

(1)		(2)		(3)		(4)		(5)	

2

(1)		(2)		(3)		(4)		(5)	

3

(1)		(2)		(3)		(4)		(5)	

4

(1)		(2)		(3)		(4)		(5)	
2番目	4番目	2番目	4番目	2番目	4番目	2番目	4番目	2番目	4番目

5

(1)		(2)		(3)		(4)		(5)	

6

(1)		(2)		(3)		(4)		(5)	

7

(1)		(2)		(3)		(4)		(5)	

8

(1)		(2)		(3)		(4)		(5)	
(6) ①		②		③		④		⑤	

9　A

B

2020年度　愛国学園大学附属龍ケ崎高等学校

◇国語◇

※139%に拡大していただくと、解答欄は実物大になります。

一

問一　①　②　③　④　⑤　かい
⑥　しい　⑦　れ　⑧　⑨　⑩

問二

問三

問四

問五

問六

二

問一　①　②　した　③　④　⑤
⑥　しい　⑦　⑧　⑨　せ　⑩

問二

問三

問四

問五

問六

三

問一

問二

問三

問四　初め　〜　終わり

四

①	②	③	④	⑤
構成	構成	構成	構成	構成
語群	語群	語群	語群	語群

MEMO
大切なことはメモしておこうネ！
T.G

MEMO
大切なことはメモしておこうネ！
T.G

大切なことはメモしておこうネ!

T.G

東京学参の
中学校別入試過去問題シリーズ

＊出版校は一部変更することがあります。一覧にない学校はお問い合わせください。

東京ラインナップ

あ　青山学院中等部(L04)
麻布中学(K01)
桜蔭中学(K02)
お茶の水女子大附属中学(K07)
か　海城中学(K09)
開成中学(M01)
学習院中等科(M03)
慶應義塾中等部(K04)
啓明学園中学(N29)
晃華学園中学(N13)
攻玉社中学(L11)
国学院大久我山中学
（一般・CC）(N22)
（ＳＴ）(N23)
駒場東邦中学(L01)
さ　芝中学(K16)
芝浦工業大附属中学(M06)
城北中学(M05)
女子学院中学(K03)
巣鴨中学(M02)
成蹊中学(N06)
成城中学(K28)
成城学園中学(L05)
青稜中学(K23)
創価中学(N14)★
た　玉川学園中学部(N17)
中央大附属中学(N08)
筑波大附属中学(K06)
筑波大附属駒場中学(L02)
帝京大中学(N16)
東海大菅生高中等部(N27)
東京学芸大附属竹早中学(K08)
東京都市大付属中学(L13)
桐朋中学(N03)
東洋英和女学院中学部(K15)
豊島岡女子学園中学(M12)
な　日本大第一中学(M14)
日本大第三中学(N19)
日本大第二中学(N10)
は　雙葉中学(K05)
法政大学中学(N11)
本郷中学(M08)
ま　武蔵中学(N01)
明治大付属中野中学(N05)
明治大付属八王子中学(N07)
明治大付属明治中学(K13)
ら　立教池袋中学(M04)
わ　和光中学(N21)
早稲田中学(K10)
早稲田実業学校中等部(K11)
早稲田大高等学院中学部(N12)

神奈川ラインナップ

あ　浅野中学(O04)
栄光学園中学(O06)
か　神奈川大附属中学(O08)
鎌倉女学院中学(O27)
関東学院六浦中学(O31)
慶應義塾湘南藤沢中等部(O07)
慶應義塾普通部(O01)
さ　相模女子大中学部(O32)
サレジオ学院中学(O17)
逗子開成中学(O22)
聖光学院中学(O11)
清泉女学院中学(O20)
洗足学園中学(O18)
捜真女学校中学部(O29)
た　桐蔭学園中等教育学校(O02)
東海大付属相模高中等部(O24)
桐光学園中学(O16)
な　日本大中学(O09)
は　フェリス女学院中学(O03)
法政大第二中学(O19)
や　山手学院中学(O15)
横浜隼人中学(O26)

千・埼・茨・他ラインナップ

あ　市川中学(P01)
浦和明の星女子中学(Q06)
か　海陽中等教育学校
（入試Ⅰ・Ⅱ）(T01)
（特別給費生選抜）(T02)
久留米大附設中学(Y04)
さ　栄東中学（東大・難関大）(Q09)
栄東中学（東大特待）(Q10)
狭山ヶ丘高校付属中学(Q01)
芝浦工業大柏中学(P14)
渋谷教育学園幕張中学(P09)
城北埼玉中学(Q07)
昭和学院秀英中学(P05)
清真学園中学(S01)
西南学院中学(Y02)
西武学園文理中学(Q03)
西武台新座中学(Q02)
専修大松戸中学(P13)
た　筑紫女学園中学(Y03)
千葉日本大第一中学(P07)
千葉明徳中学(P12)
東海大付属浦安高中等部(P06)
東邦大付属東邦中学(P08)
東洋大附属牛久中学(S02)
獨協埼玉中学(Q08)
な　長崎日本大中学(Y01)
成田高校付属中学(P15)
は　函館ラ・サール中学(X01)
日出学園中学(P03)
福岡大附属大濠中学(Y05)
北嶺中学(X03)
細田学園中学(Q04)
や　八千代松陰中学(P10)
ら　ラ・サール中学(Y07)
立命館慶祥中学(X02)
立教新座中学(Q05)
わ　早稲田佐賀中学(Y06)

公立中高一貫校ラインナップ

北海道　市立札幌開成中等教育学校(J22)
宮　城　宮城県仙台二華・古川黎明中学校(J17)
市立仙台青陵中等教育学校(J33)
山　形　県立東桜学館・致道館中学校(J27)
茨　城　茨城県立中学・中等教育学校(J09)
栃　木　県立宇都宮東・佐野・矢板東高校附属中学校(J11)
群　馬　県立中央・市立四ツ葉学園中等教育学校・
市立太田中学校(J10)
埼　玉　市立浦和中学校(J06)
県立伊奈学園中学校(J31)
さいたま市立大宮国際中等教育学校(J32)
川口市立高等学校附属中学校(J35)
千　葉　県立千葉・東葛飾中学校(J07)
市立稲毛国際中等教育学校(J25)
東　京　区立九段中等教育学校(J21)
都立大泉高等学校附属中学校(J28)
都立両国高等学校附属中学校(J01)
都立白鷗高等学校附属中学校(J02)
都立富士高等学校附属中学校(J03)
都立三鷹中等教育学校(J29)
都立南多摩中等教育学校(J30)
都立武蔵高等学校附属中学校(J04)
都立立川国際中等教育学校(J05)
都立小石川中等教育学校(J23)
都立桜修館中等教育学校(J24)
神奈川　川崎市立川崎高等学校附属中学校(J26)
県立平塚・相模原中等教育学校(J08)
横浜市立南高等学校附属中学校(J20)
横浜サイエンスフロンティア高校附属中学校(J34)
広　島　県立広島中学校(J16)
県立三次中学校(J37)
徳　島　県立城ノ内中等教育学校・富岡東・川島中学校(J18)
愛　媛　県立今治東・松山西中等教育学校(J19)
福　岡　福岡県立中学校・中等教育学校(J12)
佐　賀　県立香楠・致遠館・唐津東・武雄青陵中学校(J13)
宮　崎　県立五ヶ瀬中等教育学校・宮崎西・都城泉ヶ丘高校附属中学校(J15)
長　崎　県立長崎東・佐世保北・諫早高校附属中学校(J14)

公立中高一貫校「適性検査対策」問題集シリーズ

作文問題編　資料問題編　数と図形編　生活と科学編　実力確認テスト編

私立中・高スクールガイド
THE（ザ） 私立
私立中学＆高校の学校生活がわかる！

〈ダウンロードコンテンツについて〉

本問題集のダウンロードコンテンツ、弊社ホームページで配信しております。現在ご利用いただけるのは「2025年度受験用」に対応したもので、**2025年3月末日**までダウンロード可能です。弊社ホームページにアクセスの上、ご利用ください。
※配信期間が終了いたしますと、ご利用いただけませんのでご了承ください。

高校別入試過去問題シリーズ
愛国学園大学附属龍ケ崎高等学校　2025年度
ISBN978-4-8141-3026-9

[発行所] 東京学参株式会社
〒153-0043　東京都目黒区東山2-6-4

書籍の内容についてのお問い合わせは右のQRコードから　⇒ 

※書籍の内容についてのお電話でのお問い合わせ、本書の内容を超えたご質問には対応できませんのでご了承ください。

2024年6月14日　初版